# Agenda
## de las
# HADAS
# 2025

Nombre . . . . . . . . . . . . . . . . . . . . . . . . . . . . .

Dirección . . . . . . . . . . . . . . . . . . . . . . . . . . .

Teléfono . . . . . . . . . . . . . . . . . . . . . . . . . . .

Móvil . . . . . . . . . . . . . . . . . . . . . . . . . . . . . .

E-mail . . . . . . . . . . . . . . . . . . . . . . . . . . . . .

y . . . . . . . . . . . . . . . . . . . . . . . . . . . . . . . . .

# Calendario 2025

## Enero

| Lu | Ma | Mi | Ju | Vi | Sa | Do |
|---|---|---|---|---|---|---|
|   |   | 1  | 2  | 3  | 4  | 5  |
| 6 | 7 | 8  | 9  | 10 | 11 | 12 |
| 13| 14| 15 | 16 | 17 | 18 | 19 |
| 20| 21| 22 | 23 | 24 | 25 | 26 |
| 27| 28| 29 | 30 | 31 |    |    |

## Febrero

| Lu | Ma | Mi | Ju | Vi | Sa | Do |
|---|---|---|---|---|---|---|
|   |   |   |   |   | 1  | 2  |
| 3 | 4 | 5 | 6 | 7 | 8  | 9  |
| 10| 11| 12| 13| 14| 15 | 16 |
| 17| 18| 19| 20| 21| 22 | 23 |
| 24| 25| 26| 27| 28|    |    |

## Marzo

| Lu | Ma | Mi | Ju | Vi | Sa | Do |
|---|---|---|---|---|---|---|
|   |   |   |   |   | 1  | 2  |
| 3 | 4 | 5 | 6 | 7 | 8  | 9  |
| 10| 11| 12| 13| 14| 15 | 16 |
| 17| 18| 19| 20| 21| 22 | 23 |
| 24| 25| 26| 27| 28| 29 | 30 |
| 31|   |   |   |   |    |    |

## Abril

| Lu | Ma | Mi | Ju | Vi | Sa | Do |
|---|---|---|---|---|---|---|
|   | 1 | 2 | 3 | 4 | 5  | 6  |
| 7 | 8 | 9 | 10| 11| 12 | 13 |
| 14| 15| 16| 17| 18| 19 | 20 |
| 21| 22| 23| 24| 25| 26 | 27 |
| 28| 29| 30|   |   |    |    |

## Mayo

| Lu | Ma | Mi | Ju | Vi | Sa | Do |
|---|---|---|---|---|---|---|
|   |   |   | 1 | 2 | 3  | 4  |
| 5 | 6 | 7 | 8 | 9 | 10 | 11 |
| 12| 13| 14| 15| 16| 17 | 18 |
| 19| 20| 21| 22| 23| 24 | 25 |
| 26| 27| 28| 29| 30| 31 |    |

## Junio

| Lu | Ma | Mi | Ju | Vi | Sa | Do |
|---|---|---|---|---|---|---|
|   |   |   |   |   |    | 1  |
| 2 | 3 | 4 | 5 | 6 | 7  | 8  |
| 9 | 10| 11| 12| 13| 14 | 15 |
| 16| 17| 18| 19| 20| 21 | 22 |
| 23| 24| 25| 26| 27| 28 | 29 |
| 30|   |   |   |   |    |    |

# Calendario 2025

## Julio

| Lu | Ma | Mi | Ju | Vi | Sa | Do |
|----|----|----|----|----|----|----|
|    | 1  | 2  | 3  | 4  | 5  | 6  |
| 7  | 8  | 9  | 10 | 11 | 12 | 13 |
| 14 | 15 | 16 | 17 | 18 | 19 | 20 |
| 21 | 22 | 23 | 24 | 25 | 26 | 27 |
| 28 | 29 | 30 | 31 |    |    |    |

## Agosto

| Lu | Ma | Mi | Ju | Vi | Sa | Do |
|----|----|----|----|----|----|----|
|    |    |    |    | 1  | 2  | 3  |
| 4  | 5  | 6  | 7  | 8  | 9  | 10 |
| 11 | 12 | 13 | 14 | 15 | 16 | 17 |
| 18 | 19 | 20 | 21 | 22 | 23 | 24 |
| 25 | 26 | 27 | 28 | 29 | 30 | 31 |

## Septiembre

| Lu | Ma | Mi | Ju | Vi | Sa | Do |
|----|----|----|----|----|----|----|
| 1  | 2  | 3  | 4  | 5  | 6  | 7  |
| 8  | 9  | 10 | 11 | 12 | 13 | 14 |
| 15 | 16 | 17 | 18 | 19 | 20 | 21 |
| 22 | 23 | 24 | 25 | 26 | 27 | 28 |
| 29 | 30 |    |    |    |    |    |

## Octubre

| Lu | Ma | Mi | Ju | Vi | Sa | Do |
|----|----|----|----|----|----|----|
|    |    | 1  | 2  | 3  | 4  | 5  |
| 6  | 7  | 8  | 9  | 10 | 11 | 12 |
| 13 | 14 | 15 | 16 | 17 | 18 | 19 |
| 20 | 21 | 22 | 23 | 24 | 25 | 26 |
| 27 | 28 | 29 | 30 | 31 |    |    |

## Noviembre

| Lu | Ma | Mi | Ju | Vi | Sa | Do |
|----|----|----|----|----|----|----|
|    |    |    |    |    | 1  | 2  |
| 3  | 4  | 5  | 6  | 7  | 8  | 9  |
| 10 | 11 | 12 | 13 | 14 | 15 | 16 |
| 17 | 18 | 19 | 20 | 21 | 22 | 23 |
| 24 | 25 | 26 | 27 | 28 | 29 | 30 |

## Diciembre

| Lu | Ma | Mi | Ju | Vi | Sa | Do |
|----|----|----|----|----|----|----|
| 1  | 2  | 3  | 4  | 5  | 6  | 7  |
| 8  | 9  | 10 | 11 | 12 | 13 | 14 |
| 15 | 16 | 17 | 18 | 19 | 20 | 21 |
| 22 | 23 | 24 | 25 | 26 | 27 | 28 |
| 29 | 30 | 31 |    |    |    |    |

# Calendario 2024

### Enero
| L | M | M | J | V | S | D |
|---|---|---|---|---|---|---|
| 1 | 2 | 3 | 4 | 5 | 6 | 7 |
| 8 | 9 | 10 | 11 | 12 | 13 | 14 |
| 15 | 16 | 17 | 18 | 19 | 20 | 21 |
| 22 | 23 | 24 | 25 | 26 | 27 | 28 |
| 29 | 30 | 31 | | | | |

### Febrero
| L | M | M | J | V | S | D |
|---|---|---|---|---|---|---|
| | | | 1 | 2 | 3 | 4 |
| 5 | 6 | 7 | 8 | 9 | 10 | 11 |
| 12 | 13 | 14 | 15 | 16 | 17 | 18 |
| 19 | 20 | 21 | 22 | 23 | 24 | 25 |
| 26 | 27 | 28 | 29 | | | |

### Marzo
| L | M | M | J | V | S | D |
|---|---|---|---|---|---|---|
| | | | | 1 | 2 | 3 |
| 4 | 5 | 6 | 7 | 8 | 9 | 10 |
| 11 | 12 | 13 | 14 | 15 | 16 | 17 |
| 18 | 19 | 20 | 21 | 22 | 23 | 24 |
| 25 | 26 | 27 | 28 | 29 | 30 | 31 |

### Abril
| L | M | M | J | V | S | D |
|---|---|---|---|---|---|---|
| 1 | 2 | 3 | 4 | 5 | 6 | 7 |
| 8 | 9 | 10 | 11 | 12 | 13 | 14 |
| 15 | 16 | 17 | 18 | 19 | 20 | 21 |
| 22 | 23 | 24 | 25 | 26 | 27 | 28 |
| 29 | 30 | | | | | |

### Mayo
| L | M | M | J | V | S | D |
|---|---|---|---|---|---|---|
| | | 1 | 2 | 3 | 4 | 5 |
| 6 | 7 | 8 | 9 | 10 | 11 | 12 |
| 13 | 14 | 15 | 16 | 17 | 18 | 19 |
| 20 | 21 | 22 | 23 | 24 | 25 | 26 |
| 27 | 28 | 29 | 30 | 31 | | |

### Junio
| L | M | M | J | V | S | D |
|---|---|---|---|---|---|---|
| | | | | | 1 | 2 |
| 3 | 4 | 5 | 6 | 7 | 8 | 9 |
| 10 | 11 | 12 | 13 | 14 | 15 | 16 |
| 17 | 18 | 19 | 20 | 21 | 22 | 23 |
| 24 | 25 | 26 | 27 | 28 | 29 | 30 |

### Julio
| L | M | M | J | V | S | D |
|---|---|---|---|---|---|---|
| 1 | 2 | 3 | 4 | 5 | 6 | 7 |
| 8 | 9 | 10 | 11 | 12 | 13 | 14 |
| 15 | 16 | 17 | 18 | 19 | 20 | 21 |
| 22 | 23 | 24 | 25 | 26 | 27 | 28 |
| 29 | 30 | 31 | | | | |

### Agosto
| L | M | M | J | V | S | D |
|---|---|---|---|---|---|---|
| | | | 1 | 2 | 3 | 4 |
| 5 | 6 | 7 | 8 | 9 | 10 | 11 |
| 12 | 13 | 14 | 15 | 16 | 17 | 18 |
| 19 | 20 | 21 | 22 | 23 | 24 | 25 |
| 26 | 27 | 28 | 29 | 30 | 31 | |

### Septiembre
| L | M | M | J | V | S | D |
|---|---|---|---|---|---|---|
| | | | | | | 1 |
| 2 | 3 | 4 | 5 | 6 | 7 | 8 |
| 9 | 10 | 11 | 12 | 13 | 14 | 15 |
| 16 | 17 | 18 | 19 | 20 | 21 | 22 |
| 23 | 24 | 25 | 26 | 27 | 28 | 29 |
| 30 | | | | | | |

### Octubre
| L | M | M | J | V | S | D |
|---|---|---|---|---|---|---|
| | 1 | 2 | 3 | 4 | 5 | 6 |
| 7 | 8 | 9 | 10 | 11 | 12 | 13 |
| 14 | 15 | 16 | 17 | 18 | 19 | 20 |
| 21 | 22 | 23 | 24 | 25 | 26 | 27 |
| 28 | 29 | 30 | 31 | | | |

### Noviembre
| L | M | M | J | V | S | D |
|---|---|---|---|---|---|---|
| | | | | 1 | 2 | 3 |
| 4 | 5 | 6 | 7 | 8 | 9 | 10 |
| 11 | 12 | 13 | 14 | 15 | 16 | 17 |
| 18 | 19 | 20 | 21 | 22 | 23 | 24 |
| 25 | 26 | 27 | 28 | 29 | 30 | |

### Diciembre
| L | M | M | J | V | S | D |
|---|---|---|---|---|---|---|
| | | | | | | 1 |
| 2 | 3 | 4 | 5 | 6 | 7 | 8 |
| 9 | 10 | 11 | 12 | 13 | 14 | 15 |
| 16 | 17 | 18 | 19 | 20 | 21 | 22 |
| 23 | 24 | 25 | 26 | 27 | 28 | 29 |
| 30 | 31 | | | | | |

# Calendario 2026

### Enero
| L | M | M | J | V | S | D |
|---|---|---|---|---|---|---|
| | | | 1 | 2 | 3 | 4 |
| 5 | 6 | 7 | 8 | 9 | 10 | 11 |
| 12 | 13 | 14 | 15 | 16 | 17 | 18 |
| 19 | 20 | 21 | 22 | 23 | 24 | 25 |
| 26 | 27 | 28 | 29 | 30 | 31 | |

### Febrero
| L | M | M | J | V | S | D |
|---|---|---|---|---|---|---|
| | | | | | | 1 |
| 2 | 3 | 4 | 5 | 6 | 7 | 8 |
| 9 | 10 | 11 | 12 | 13 | 14 | 15 |
| 16 | 17 | 18 | 19 | 20 | 21 | 22 |
| 23 | 24 | 25 | 26 | 27 | 28 | |

### Marzo
| L | M | M | J | V | S | D |
|---|---|---|---|---|---|---|
| | | | | | | 1 |
| 2 | 3 | 4 | 5 | 6 | 7 | 8 |
| 9 | 10 | 11 | 12 | 13 | 14 | 15 |
| 16 | 17 | 18 | 19 | 20 | 21 | 22 |
| 23 | 24 | 25 | 26 | 27 | 28 | 29 |
| 30 | 31 | | | | | |

### Abril
| L | M | M | J | V | S | D |
|---|---|---|---|---|---|---|
| | | 1 | 2 | 3 | 4 | 5 |
| 6 | 7 | 8 | 9 | 10 | 11 | 12 |
| 13 | 14 | 15 | 16 | 17 | 18 | 19 |
| 20 | 21 | 22 | 23 | 24 | 25 | 26 |
| 27 | 28 | 29 | 30 | | | |

### Mayo
| L | M | M | J | V | S | D |
|---|---|---|---|---|---|---|
| | | | | 1 | 2 | 3 |
| 4 | 5 | 6 | 7 | 8 | 9 | 10 |
| 11 | 12 | 13 | 14 | 15 | 16 | 17 |
| 18 | 19 | 20 | 21 | 22 | 23 | 24 |
| 25 | 26 | 27 | 28 | 29 | 30 | 31 |

### Junio
| L | M | M | J | V | S | D |
|---|---|---|---|---|---|---|
| 1 | 2 | 3 | 4 | 5 | 6 | 7 |
| 8 | 9 | 10 | 11 | 12 | 13 | 14 |
| 15 | 16 | 17 | 18 | 19 | 20 | 21 |
| 22 | 23 | 24 | 25 | 26 | 27 | 28 |
| 29 | 30 | | | | | |

### Julio
| L | M | M | J | V | S | D |
|---|---|---|---|---|---|---|
| | | 1 | 2 | 3 | 4 | 5 |
| 6 | 7 | 8 | 9 | 10 | 11 | 12 |
| 13 | 14 | 15 | 16 | 17 | 18 | 19 |
| 20 | 21 | 22 | 23 | 24 | 25 | 26 |
| 27 | 28 | 29 | 30 | 31 | | |

### Agosto
| L | M | M | J | V | S | D |
|---|---|---|---|---|---|---|
| | | | | | 1 | 2 |
| 3 | 4 | 5 | 6 | 7 | 8 | 9 |
| 10 | 11 | 12 | 13 | 14 | 15 | 16 |
| 17 | 18 | 19 | 20 | 21 | 22 | 23 |
| 24 | 25 | 26 | 27 | 28 | 29 | 30 |
| 31 | | | | | | |

### Septiembre
| L | M | M | J | V | S | D |
|---|---|---|---|---|---|---|
| | 1 | 2 | 3 | 4 | 5 | 6 |
| 7 | 8 | 9 | 10 | 11 | 12 | 13 |
| 14 | 15 | 16 | 17 | 18 | 19 | 20 |
| 21 | 22 | 23 | 24 | 25 | 26 | 27 |
| 28 | 29 | 30 | | | | |

### Octubre
| L | M | M | J | V | S | D |
|---|---|---|---|---|---|---|
| | | | 1 | 2 | 3 | 4 |
| 5 | 6 | 7 | 8 | 9 | 10 | 11 |
| 12 | 13 | 14 | 15 | 16 | 17 | 18 |
| 19 | 20 | 21 | 22 | 23 | 24 | 25 |
| 26 | 27 | 28 | 29 | 30 | 31 | |

### Noviembre
| L | M | M | J | V | S | D |
|---|---|---|---|---|---|---|
| | | | | | | 1 |
| 2 | 3 | 4 | 5 | 6 | 7 | 8 |
| 9 | 10 | 11 | 12 | 13 | 14 | 15 |
| 16 | 17 | 18 | 19 | 20 | 21 | 22 |
| 23 | 24 | 25 | 26 | 27 | 28 | 29 |
| 30 | | | | | | |

### Diciembre
| L | M | M | J | V | S | D |
|---|---|---|---|---|---|---|
| | 1 | 2 | 3 | 4 | 5 | 6 |
| 7 | 8 | 9 | 10 | 11 | 12 | 13 |
| 14 | 15 | 16 | 17 | 18 | 19 | 20 |
| 21 | 22 | 23 | 24 | 25 | 26 | 27 |
| 28 | 29 | 30 | 31 | | | |

# La historia de Elefantasía

En Elefantasía charlaban una tarde de invierno, Dirfante, un enorme elefante blanco, y una invitada y dilecta amiga suya, Hadazul Segunda.

Dirfante era nativo del lugar y desempeñaba el más alto cargo que allí podía ostentarse, desde hacía diez años era el jefe electo de la manada. Era conocido por su buen hacer y los vecinos, en general, llevaban una vida segura y feliz. Pero, ¡ay!, en Elefantasía debían lidiar –prácticamente desde su fundación– con un problema muy grave: la preocupante caza ilegal que diezmaba a los nativos, sobre todo a las elefantas, a las que los desaprensivos cazadores extraían y robaban sus largos y hermosos colmillos, con los que obtenían pingües ganancias al venderlos en el boyante mercado de adornos y joyas de marfil.

Hadazul Segunda, por su parte, era descendiente de la honorable y muy recordada Hadazul Primera, que, al rescatar a un remoto y noble antepasado de Dirfante, había dado origen a una dinastía «especial» de elefantes, los ciudadanos de Elefantasía.

Siempre que se encontraban los amigos, ambos de larga memoria, rememoraban la hermosa historia del país, que cada tanto Dirfante «amenazaba» con dejar escrita en un libro, para que, si por alguna extraña razón alguna vez la memoria les fallara, las nuevas generaciones pudieran conocerla, leyéndolo.

Y he aquí la historia: fruto de los amores de una pareja de elefantes, maltratados y casi siempre encadenados en un circo ambulante, había nacido el primero de los ancestros de Dirfante. Al ver que el recién nacido era blanco como la nieve –algo rarísimo ya que sus padres tenían piel de elefante–, el ignorante director del circo, un hombre cruel y supersticioso, con la mala conciencia que tenía por sus maltratos a los animales, creyó que eso le traería una maldición, que ese elefantito era un presagio de mala suerte. De modo que decidió alejarlo de su circo, arrancándolo del regazo de su mamá, para abandonarlo cerca de un estanque donde solía reunirse a beber un grupo de elefantes.

Pero Dirfante no pasó mucho tiempo con ellos. Como siguió siendo tan blanco como al nacer, otros elefantitos se burlaban de él, algunos mayores lo miraban con desconfianza y, casi siempre, recibía muestras de desprecio; de modo que cada vez se sentía más triste y más solo.

Cuando sus compañeros lo perseguían y acorralaban, se marchaba sin rumbo, lejos de la sabana en la que convivían. Y así fue como descubrió un paraje bellísimo, donde le parecía que todo cantaba a su alrededor. El aire y las hojas de los árboles se mecían con un suave entrechocar, semejante a un murmullo musical.

Todo esto convertía al lugar en una zona encantada. Él, que pasaba allí muchas horas, trataba de emitir con su trompita sonidos que acompañaran esa bella música. Era un consuelo para su vida tan desgraciada. Silifante, que así se llamaba el pobre, había acertado: aquél era un paraje encantado, frecuentado por las hadas y otros seres de luz.

Y allí fue donde cierto día lo encontró Hadazul Primera, que paseaba con unas abejas, acompañándolas en su libación de las flores y escuchando sus cuitas acerca de que cada vez eran menos, porque ya entonces muchas caían víctimas de la acción de venenos. El hada preguntó a Silifante qué estaba haciendo en ese lugar y si se había perdido. Entre muchas dudas y silencios, el elefantito le contó la que había sido y era su triste suerte hasta ese momento y, al oír su historia, el hada se despidió de las abejas y las flores, y pidió al que tomó como su protegido que la llevara al lugar donde estaba la manada con la que vivía.

Hadazul Primera se reunió con los elefantes del Consejo Rector y preguntó por la situación. De las varias evasivas, indirectas, frases a medias y algún que otro bulo sobre lo peligrosos que son los

elefantes blancos, comprendió que allí no le esperaba nada bueno a Silifante. De modo que inquirió directamente:

— Pero ¿qué os pasa? Yo veo un hermoso elefantito blanco, que con el tiempo puede convertirse en un miembro valioso de vuestra manada, y vosotros solamente veis…

¡¡Por qué había dicho eso!! Los grises elefantes se pusieron verdes de envidia y, como para salvar los muebles y dedicarle algún elogio al elefantito, dijeron que su trompita emitía sonidos muy melodiosos.

—Ah –respondió el hada haciendo gala de su fina ironía–, en tal caso, podríais contratar al flautista de Hamelín para que le diera clases de música. Las hadas estaríamos dispuestas a sufragarlas.

Sus interlocutores entendieron su sarcasmo y se avergonzaron, cambiando su color del verde al rojo bermellón que les hizo arder hasta las orejas.

Pero uno de los más peleones y envidiosos murmuró:

—¡Eso!, ¡que se vaya con la música a otra parte! Aquí no queremos ratones, niños, ni mucho menos elefantes blancos, a saber si nos va a contagiar alguna enfermedad…

Ante este exponente del más puro racismo, Hadazul Primera resolvió que ella y Silifante debían marcharse de inmediato.

Así que se fueron al bosque de las hadas y, entonces, comenzó el largo capítulo de la cría de un elefantito blanco, que las hadas tuvieron que aprender a toda marcha, ya que no tenían la menor idea de qué hacer. Pero consiguieron superar escollo tras escollo, a golpe de varita y de amor. Para conformarse, una y otra vez, las hadas se decían: «¡Más fácil es esto que convertir sapos en príncipes!».

Así fue creciendo Silifante, y un día que salió de paseo, ya en su mocedad, volvió acompañado de una hermosa y joven elefantita ¡también blanca! Circularon rumores acerca de que las hadas les habían pedido a sus congéneres del Círculo Polar Ártico que enviaran a una elefanta de por allí, pero de eso nunca hubo certeza y el rumor se diluyó como suele suceder con los ídem.

Estos jóvenes blancos fueron la pareja fundadora del país, cuya historia evocaban aquella tarde Dirfante y Hadazul Segunda. Había nacido con una fiesta de boda, a la que invitaron a todos los animales del bosque y también de la sabana, sin importar su color ni su aspecto. Hasta a los elefantes de aquella manada de racistas invitaron, que pasaron cabizbajos toda la velada y no bailaron ni una sola vez.

—Y dicen que se pusieron completamente amarillos de celos –dijo el hada a su amigo– cuando mi antepasada informó que les concedería a los recién casados y a sus descendientes un don especialísimo, o varios. Parece que se oyó un asombrado «Ohhh», porque hasta entonces los dones se reservaban únicamente a las princesas.

Hadazul les concedió a todos, a todos, a todos los elefantes de aquella blanca dinastía, a los presentes y a los que vendrían, el don de que el barrito que emitieran sus trompas sería siempre melodioso y lleno de armonía. Y, por si fuera poco, que tendrían el maravilloso don de soñar en colores, por siempre jamás.

Por último, pidió permiso para ser ella quien le pusiera nombre al sitio donde se asentarían los elefantes blancos que, por supuesto, le fue alegremente concedido.

Y así ocurrió: la largamente recordada Hadazul fue la primera en pronunciar el nombre de Elefantasía, *el país donde viven los elefantes que sueñan en colores.*

Se había hecho muy tarde, Hadazul Segunda ya emprendía su vuelo de despedida, cuando una vez más recibió como acompañamiento, el homenaje del armonioso coro de trompas de Elefantasía.

**Varda Fiszbein**

# Enero

| Lu | Ma | Mi | Ju | Vi | Sa | Do |
|----|----|----|----|----|----|----|
|    |    | 1  | 2  | 3  | 4  | 5  |
| 6  | 7  | 8  | 9  | 10 | 11 | 12 |
| 13 | 14 | 15 | 16 | 17 | 18 | 19 |
| 20 | 21 | 22 | 23 | 24 | 25 | 26 |
| 27 | 28 | 29 | 30 | 31 |    |    |

*«No ganes el mundo y pierdas tu alma, la sabiduría es mejor que la plata o el oro».*

Bob Marley

# Enero

## Lunes 30

*Año Nuevo*

---

## Martes 31

---

## Miércoles 1

# Enero

| Lu | Ma | Mi | Ju | Vi | Sa | Do |
|----|----|----|----|----|----|----|
|    |    | 1  | 2  | 3  | 4  | 5  |
| 6  | 7  | 8  | 9  | 10 | 11 | 12 |
| 13 | 14 | 15 | 16 | 17 | 18 | 19 |
| 20 | 21 | 22 | 23 | 24 | 25 | 26 |
| 27 | 28 | 29 | 30 | 31 |    |    |

## Jueves 2

## Viernes 3

## Sábado 4

## Domingo 5

# *Enero*

## Lunes 6

*Epifanía. Día de los Reyes Magos*
*Cuarto creciente*

## Martes 7

## Miércoles 8

# Enero

| Lu | Ma | Mi | Ju | Vi | Sa | Do |
|----|----|----|----|----|----|----|
|    |    | 1  | 2  | 3  | 4  | 5  |
| 6  | 7  | 8  | 9  | 10 | 11 | 12 |
| 13 | 14 | 15 | 16 | 17 | 18 | 19 |
| 20 | 21 | 22 | 23 | 24 | 25 | 26 |
| 27 | 28 | 29 | 30 | 31 |    |    |

## Jueves 9

## Viernes 10

## Sábado 11

## Domingo 12

# *Enero*

## Lunes 13

---

## Martes 14

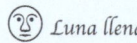 *Luna llena*

---

## Miércoles 15

# Enero

| Lu | Ma | Mi | Ju | Vi | Sa | Do |
|----|----|----|----|----|----|----|
|    |    | 1  | 2  | 3  | 4  | 5  |
| 6  | 7  | 8  | 9  | 10 | 11 | 12 |
| 13 | 14 | 15 | 16 | 17 | 18 | 19 |
| 20 | 21 | 22 | 23 | 24 | 25 | 26 |
| 27 | 28 | 29 | 30 | 31 |    |    |

## Jueves 16

## Viernes 17

## Sábado 18

## Domingo 19

# Enero

## Lunes 20

## Martes 21

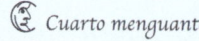 *Cuarto menguante*

## Miércoles 22

# Enero

| Lu | Ma | Mi | Ju | Vi | Sa | Do |
|----|----|----|----|----|----|----|
|    |    | 1  | 2  | 3  | 4  | 5  |
| 6  | 7  | 8  | 9  | 10 | 11 | 12 |
| 13 | 14 | 15 | 16 | 17 | 18 | 19 |
| 20 | 21 | 22 | 23 | 24 | 25 | 26 |
| 27 | 28 | 29 | 30 | 31 |    |    |

## Jueves 23

## Viernes 24

## Sábado 26

## Domingo 26

# Enero

## Lunes 27

## Martes 28

## Miércoles 29

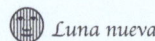 Luna nueva

# Enero / Febrero

| Lu | Ma | Mi | Ju | Vi | Sa | Do |
|----|----|----|----|----|----|----|
|    |    | 1  | 2  | 3  | 4  | 5  |
| 6  | 7  | 8  | 9  | 10 | 11 | 12 |
| 13 | 14 | 15 | 16 | 17 | 18 | 19 |
| 20 | 21 | 22 | 23 | 24 | 25 | 26 |
| 27 | 28 | 29 | 30 | 31 |    |    |

## Jueves 30

## Viernes 31

## Sábado 1

## Domingo 2

# El hada enamorada

La pequeña hada estaba siempre en las nubes. Había oído tantas historias sobre los seres humanos que no podía dejar de imaginar cómo le gustaría tener un encuentro con ellos. Quería saber todo sobre esos seres. Le habían contado historias de cómo actuaban y de cómo se relacionaban entre ellos. Le fascinaba todo lo que escuchaba por boca de sus hadas maestras, ya que alguna habían convivido durante algún tiempo en la dimensión del mundo humano y compartían sus experiencias con las pequeñas hadas que escuchaban, embelesadas, atentas y sorprendidas cuanto contaban sobre ese desconocido mundo. Por encima de todos los temas, había uno que le llamaba poderosamente la atención: el amor. Por lo que ella era capaz de entender, el amor era el motivo más común entre los humanos para relacionarse.

Cada día que pasaba sentía con más fuerza en su interior que esa palabra, «amor», fuera lo que fuera, la llamaba, como si fuera un reto o un secreto que debía descubrir por sí misma.

Nuestra protagonista era una hada inquieta, valiente y curiosa, así que llegó el día en que, ni corta ni perezosa, pidió permiso a su familia de hadas maestras para internarse en el mundo humano con el propósito de descubrir qué significaba la dichosa palabra que le daba vueltas y vueltas en la cabeza. Una vez obtenido el permiso para entrar en la dimensión humana, empezó su búsqueda. Las hadas tienen la capacidad de moverse entre las personas sin que éstas se den cuenta y también pueden decidir si dejarse ver.

Con el corazón abierto y con la pureza de su ser, la pequeña hada supo que la palabra «amor» tenía un significado más amplio de lo que nunca hubiera podido imaginar. Encontró el significado en el amor hacia los niños, el amor entre las parejas, el amor entre las familias, a la Naturaleza, a los animales…, al mismo planeta que habitaban, la Tierra. Y se llenó de ese sentimiento, lo absorbía dándose cuenta de lo mucho que necesitaba esa emoción desconocida para ella hasta entonces.

En una soleada tarde, mientras iba deslizándose suavemente por el aire y absorta como estaba en sus reflexiones, de pronto, se dio de bruces con algo y fue a parar al suelo. Sorprendida, miró hacia arriba y vio que había chocado con un anciano. Éste, que estaba tan sorprendido como ella, la miró y amablemente la recogió del suelo con sus amorosas manos. Ambos se miraron y con un profundo sentimiento de reconocimiento se sonrieron. El anciano, con delicadeza, la invitó a sentarse en un banco de madera que había en el camino y, después de las presentaciones, se pasaron la tarde hablando como si fueran amigos de toda la vida. Ella le habló sobre su búsqueda del significado de aquella misteriosa palabra, de cómo a veces le costaba estar alegre y de cuánto echaba de menos su hogar. El anciano la escuchaba emocionado por el mágico momento que la vida le estaba regalando.

Como a su nuevo amigo le gustaba caminar y no querían despedirse todavía, el hada decidió ir volando a su lado y acompañarlo en su paseo. Mientras caminaban, ella observaba cómo su amigo saludaba a los árboles mientras paseaba, cómo se maravillaba del color azul del cielo, cómo sonreía a cualquier persona que pasaba por su lado aunque no las conociera. El anciano compartía su gran corazón con ella y le mostraba toda la bondad que hay en este mundo.

Al llegar al pequeño pueblo donde residía el anciano, se encontraron a un joven violinista que tocaba siempre en el mismo lugar. Cuando el joven vio a su amigo y a su pequeña acompañante, quien generosamente se dejó ver, no dudó un segundo y los obsequió con una danza, interpretando con su violín una preciosa melodía a la que la pequeña hada se sumó volando alrededor del anciano, riendo y bailando a la vez.

Ella no sabía que poseía un don, el de la empatía. Esta cualidad le permitía sentir, conectar con el interior de las personas. Su viaje por la Tierra y el contacto con el amoroso corazón del anciano activó su don y despertó en ella el sentimiento que guardaba dentro de su corazón y que no es otro que el del Amor con mayúsculas.

La pequeña hada entendió que era el momento de regresar a su mundo. Su corazón volvía a casa lleno de experiencias, de vivencias, lleno de amor por lo que había visto en los demás. Se sentía agradecida por lo que había sentido gracias al contacto que había tenido con las personas y por todo lo que había aprendido en los lugares que había visitado.

Había que despedirse ya, y con los ojos llenos de lágrimas de emoción, el anciano le dijo dulcemente:

—Hasta pronto, mi querida amiga. Creo que las experiencias que has vivido en este planeta te han transformado. Tu corazón ha recordado que, si te amas a ti misma, irradiarás ese amor por donde quiera que vayas... El amor es dar sin esperar. Y te daré un consejo para que siempre me recuerdes: sonríe, sonríe y tu sonrisa hará señas a la Alegría que se había alejado.

La pequeña hada volvió a su hogar, feliz, radiante, transformada y enamorada de sí misma y de la vida.

**Elena García**

# Febrero

| Lu | Ma | Mi | Ju | Vi | Sa | Do |
|----|----|----|----|----|----|----|
|    |    |    |    |    | 1  | 2  |
| 3  | 4  | 5  | 6  | 7  | 8  | 9  |
| 10 | 11 | 12 | 13 | 14 | 15 | 16 |
| 17 | 18 | 19 | 20 | 21 | 22 | 23 |
| 24 | 25 | 26 | 27 | 28 |    |    |

«El amor es como el fuego, que si no se comunica se apaga».

Giovanni Papini

# Febrero

## Lunes 3

## Martes 4

## Miércoles 5

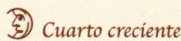 *Cuarto creciente*

# Febrero

| Lu | Ma | Mi | Ju | Vi | Sa | Do |
|----|----|----|----|----|----|----|
|    |    |    |    |    | 1  | 2  |
| 3  | 4  | 5  | 6  | 7  | 8  | 9  |
| 10 | 11 | 12 | 13 | 14 | 15 | 16 |
| 17 | 18 | 19 | 20 | 21 | 22 | 23 |
| 24 | 25 | 26 | 27 | 28 |    |    |

## Jueves 6

## Viernes 7

## Sábado 8

## Domingo 9

# Febrero

## Lunes 10

## Martes 11

## Miércoles 12

# Febrero

| Lu | Ma | Mi | Ju | Vi | Sa | Do |
|----|----|----|----|----|----|----|
|    |    |    |    |    | 1  | 2  |
| 3  | 4  | 5  | 6  | 7  | 8  | 9  |
| 10 | 11 | 12 | 13 | 14 | 15 | 16 |
| 17 | 18 | 19 | 20 | 21 | 22 | 23 |
| 24 | 25 | 26 | 27 | 28 |    |    |

## Jueves 13

*Luna llena*

## Viernes 14

*Día de san Valentín*

## Sábado 15

## Domingo 16

# Febrero

## Lunes 17

---

## Martes 18

---

## Miércoles 19

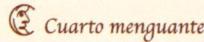 *Cuarto menguante*

# Febrero

| Lu | Ma | Mi | Ju | Vi | Sa | Do |
|----|----|----|----|----|----|----|
|    |    |    |    |    | 1  | 2  |
| 3  | 4  | 5  | 6  | 7  | 8  | 9  |
| 10 | 11 | 12 | 13 | 14 | 15 | 16 |
| 17 | 18 | 19 | 20 | 21 | 22 | 23 |
| 24 | 25 | 26 | 27 | 28 |    |    |

## Jueves 20

## Viernes 21

## Sábado 22

## Domingo 23

# Febrero

## Lunes 24

## Martes 25

## Miércoles 26

# Febrero 🖋 Marzo

| Lu | Ma | Mi | Ju | Vi | Sa | Do |
|----|----|----|----|----|----|----|
|    |    |    |    |    | 1  | 2  |
| 3  | 4  | 5  | 6  | 7  | 8  | 9  |
| 10 | 11 | 12 | 13 | 14 | 15 | 16 |
| 17 | 18 | 19 | 20 | 21 | 22 | 23 |
| 24 | 25 | 26 | 27 | 28 |    |    |

## Jueves 27

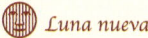 Luna nueva

## Viernes 28

## Sábado 1

## Domingo 2

# El hada del manantial

Se llamaba Aquínoe y vivía en el manantial de la quebrada. Sus días transcurrían sumergida entre violetas acuáticas, estrellas y espigas de agua, a la sombra de sauces, alisos y fresnos. La vegetación le servía de refugio y se camuflaba entre ella para no dejarse ver porque ése era el precio de su supervivencia. Era una náyade, un hada de aguas dulces, con sus alas de cristal y sus orejas de duende; diminuta como una semilla y etérea como una cipsela. Su sonrisa era como el murmullo del agua de la fuente que le daba la vida y su voz, apenas un susurro.

Aquel año la lluvia había sido escasa y la tierra estaba sedienta. La canícula estival había acabado de secar el paisaje, las nubes no se dejaban ver y del manantial ya no brotaban ni las exiguas gotas que antaño iban a chocar con el musgo que tapizaba el lecho. Todo el bosque languidecía y con él se iban consumiendo las plantas y los animales que, en muchos casos, morían. La vida de las náyades, y del resto de las criaturas acuáticas, está íntimamente ligada al agua en la que habitan y la de aquel manantial era como la sangre que hacía bombear el corazón de la pequeña ninfa. Sin ella su vida, como la de todos los demás, desaparecería.

Exhausta pero decidida, Aquínoe se arrastró como pudo hacia los árboles con la esperanza de encontrar algo de humedad en sus raíces. Pero su esfuerzo fue en vano: el bosque estaba seco y se bebía con premura el rocío de la mañana. Consumió en ello sus últimas energías y quedó inconsciente, oculta bajo las hojas que cubrían la tierra, esperando la muerte ya que se veía incapaz de regresar a su medio. Acertó a pasar por allí una ardilla que buscaba algo que llevarse a la boca entre la reseca vegetación. La dieta de estos animales se compone de frutos secos, semillas y cereales, de algún pequeño

insecto o gusano, pero lo que nunca se comerían es un hada o un duende, eso jamás.

Al ver a la moribunda Aquínoe la tomó en la boca, con cuidado de no dañarla con sus dientes. Saltando de árbol en árbol la llevó a la granja más cercana, una que se encontraba en el límite del bosque. Una vez allí, la depositó en el abrevadero. Al entrar en contacto con el agua el diminuto ser revivió. Absorbiendo el transparente líquido, como una rosa de Jericó, recuperó su vitalidad y su energía, la vida que se le estaba escapando. Se recobró justo a tiempo de evitar que una vaca despistada se la bebiera. El animal pensó que era una mosca u otro insecto y no le prestó mayor atención.

Una vez comprobó que aquel sitio era más confortable que el bosque en el que vivía y, sobre todo, que había agua, Aquínoe decidió quedarse allí durante un tiempo. No tardó en darse cuenta de que era un lugar peligroso debido a la constante presencia humana. Tampoco era seguro convivir con todos aquellos animales que nada sabían de hadas y duendes, y la ponían en peligro sin ser conscientes de ello. Pese a todo se quedó, e incluso se aventuró a ir en busca de sus hermanas. Le costó un poco convencerlas: vivir tan cerca de los humanos no podía ser bueno. Pero tampoco les quedaba más alternativa si querían sobrevivir a la sequía.

Tras mucho debatir, decidieron que era la mejor, la única opción si querían salvarse, así que se pusieron en marcha. Tras ellas partieron algunos gnomos y duendes y varias comunidades de hadas en una peculiar caravana que llegó para instalarse en la granja. Una vez allí, con mucho sigilo, unos buscaron cobijo entre los cultivos; otros en las copas de los árboles; unos pocos en las vigas de la casa… Y así cada pequeño ser mágico encontró un espacio en el que vivir.

Pese a que se esmeraban en pasar desapercibidos y tenían mucho cuidado de no dejarse ver, su presencia convirtió la granja en un lugar diferente en el que ocurrían cosas que sus moradores no alcanzaban a entender. Los duendes traviesos escondían pequeños objetos: dedales, tijeras, lapiceros… Robaban algunos alimentos de la despensa o de las cazuelas que había en los fogones y, aunque eran pequeñas cantidades, como con las prisas dejaban algunos frascos o pucheros abiertos, los granjeros empezaron a sospechar. Pero no podían ni imaginar lo que estaba ocurriendo.

Cuando las lluvias finalmente llegaron, lo hicieron con fuerza. Los ríos se desbordaron y la tierra se anegó. Infinidad de rayos iluminaron el cielo que las nubes habían opacado y los truenos retumbaron en cada rincón. Hasta cayó granizo que destruyó parte de la cosecha. El caos duró varios días. En cuanto el temporal amainó, todos los seres mágicos que se habían refugiado en la granja durante la sequía, regresaron a su hogar para, entre todos, intentar restaurar el equilibrio de la naturaleza. Sanaron las plantas que aún podían salvarse. Recondujeron los cauces que se habían desbordado. Curaron a los animales del bosque que habían sobrevivido. La tierra bebió hasta saciarse y recobró su brillo y su esplendor. La vida volvió a recuperar su latido en el corazón del bosque y toda la comunidad mágica pudo regresar a su hogar.

**María Dolores García Pastor**

# Marzo

| Lu | Ma | Mi | Ju | Vi | Sa | Do |
|----|----|----|----|----|----|----|
|    |    |    |    |    | 1  | 2  |
| 3  | 4  | 5  | 6  | 7  | 8  | 9  |
| 10 | 11 | 12 | 13 | 14 | 15 | 16 |
| 17 | 18 | 19 | 20 | 21 | 22 | 23 |
| 24 | 25 | 26 | 27 | 28 | 29 | 30 |
| 31 |    |    |    |    |    |    |

*«El hombre sabio es aquel que en cualquier cosa puede leer otra».*

Plotino

# Marzo

Lunes 3

---

Martes 4

---

Miércoles 5

# Marzo

| Lu | Ma | Mi | Ju | Vi | Sa | Do |
|----|----|----|----|----|----|----|
|    |    |    |    |    | 1  | 2  |
| 3  | 4  | 5  | 6  | 7  | 8  | 9  |
| 10 | 11 | 12 | 13 | 14 | 15 | 16 |
| 17 | 18 | 19 | 20 | 21 | 22 | 23 |
| 24 | 25 | 26 | 27 | 28 | 29 | 30 |
| 31 |    |    |    |    |    |    |

## Jueves 6

☾ *Cuarto creciente*

## Viernes 7

## Sábado 8

## Domingo 9

# *Marzo*

## Lunes 10

---

## Martes 11

---

## Miércoles 12

## Marzo

| Lu | Ma | Mi | Ju | Vi | Sa | Do |
|----|----|----|----|----|----|----|
|    |    |    |    |    | 1  | 2  |
| 3  | 4  | 5  | 6  | 7  | 8  | 9  |
| 10 | 11 | 12 | 13 | 14 | 15 | 16 |
| 17 | 18 | 19 | 20 | 21 | 22 | 23 |
| 24 | 25 | 26 | 27 | 28 | 29 | 30 |
| 31 |    |    |    |    |    |    |

### Jueves 13

---

### Viernes 14

 Luna llena

---

### Sábado 15

---

### Domingo 16

# *Marzo*

## Lunes 17

---

## Martes 18

---

## Miércoles 19     *San José, día del Padre*

# Marzo

| Lu | Ma | Mi | Ju | Vi | Sa | Do |
|----|----|----|----|----|----|----|
|    |    |    |    |    | 1  | 2  |
| 3  | 4  | 5  | 6  | 7  | 8  | 9  |
| 10 | 11 | 12 | 13 | 14 | 15 | 16 |
| 17 | 18 | 19 | 20 | 21 | 22 | 23 |
| 24 | 25 | 26 | 27 | 28 | 29 | 30 |
| 31 |    |    |    |    |    |    |

## Jueves 20

☾ *Cuarto menguante*

## Viernes 21

## Sábado 22

## Domingo 23

*Domingo de Ramos*

# *Marzo*

## Lunes 24

---

## Martes 25

---

## Miércoles 26

# Marzo

| Lu | Ma | Mi | Ju | Vi | Sa | Do |
|---|---|---|---|---|---|---|
|  |  |  |  |  | 1 | 2 |
| 3 | 4 | 5 | 6 | 7 | 8 | 9 |
| 10 | 11 | 12 | 13 | 14 | 15 | 16 |
| 17 | 18 | 19 | 20 | 21 | 22 | 23 |
| 24 | 25 | 26 | 27 | 28 | 29 | 30 |
| 31 |  |  |  |  |  |  |

## Jueves 27

---

## Viernes 28

---

## Sábado 29

 Luna nueva

---

## Domingo 30

# Hada de viento

Érase una vez un muchacho de ojos saltones, oído selectivo y piernas como muelles, así de alto y de desobediente, a partes iguales, que corría por el césped sin hacer caso a los consejos que recibía. La pelota no le ilusionaba. Estarse quieto, tampoco. Tenía bastante con abrir los brazos y volar por encima del manto verde.

—¿Has visto esos nubarrones? Tal como los mueve el viento nos tocará recoger en un santiamén –opinó el hombre de cana y bastón, mientras mascaba un mondadientes y oteaba el horizonte.

—Venga, deja de correr y acábate la merienda, que si no nos tendremos que marchar hambrientos y empapados –señaló la anciana con la palma de la mano inclinada y las gafas hasta la nariz, dirigiéndose al muchacho.

—Ya lo hará de camino a casa, no hay tiempo. ¡Rápido, ayúdame con la cesta! –escuchó el muchacho, de espaldas a ellos, empeñado en enojarlos.

—¡No te alejes que ya nos vamos! –repetían sus abuelos al unísono, seguido de un soplido más fuerte que aquel que estaba a punto de llegar.

Cuanto más se lo exigían, más corría. Y más. Y más. Hasta que dejó de oírlos. Movía los brazos como dos látigos, sonreía y, a la vez, observaba el camino estrecho que se adentraba en el bosque. Abrió bien los ojos y luego los achinó. Le había parecido ver entre los arbustos una luz rojiza que desaparecía si dejaba de mirar. Se acercó al matorral. La sombra de los árboles hacía que los destellos brillaran con más fuerza. No se lo pensó y entró con sigilo guiado por el poder de la curiosidad. ¿Qué sería aquella luz?

Andaba y andaba. Sin darse cuenta se había perdido entre hojarasca, musgo y riachuelo. ¿La humedad le hacía sudar o era el agua que caía del cielo? No lo diferenciaba. El sendero se había desdi-

bujado y sentía miradas espías en su cogote. Poco le faltaba para ponerse a llorar. Quería volver con sus abuelos, pero no sabía cómo. Les había desobedecido.

El bosque se oscurecía sin rastro de la luz que le había guiado. Lanzó un grito de auxilio. Algo se acercaba hacia él. Un viento huracanado cantaba con voz grave, las ramas temblaban y las hojas revoloteaban sin control. Su cuerpo se manifestaba de la misma manera, a base de tensión y puro caos. Miró a su alrededor. Otra luz, esta vez amarillenta, apareció fugazmente en el hueco de un tronco caído. Se metió de golpe, raudo por el instinto, a cobijo del viento, allí donde se había creado un aura iluminada. El ruido ensordecedor le recordaba al despegue de un avión. La corteza resistía el envite aunque él no las tuviera todas consigo. Por un agujero observaba el vendaval, comiéndose las uñas e intentando recitar algunas palabras. Cerró los ojos con fuerza.

Un último trueno retumbó de tal manera que resquebrajó el tronco que le protegía. Salió corriendo despavorido. Los soplidos habían cesado. Se paró en seco tras escuchar el sonido de algo parecido a una flauta. La música, dulce y atrayente, se asemejaba al zumbido de unas alas. Cerca. Arriba. Abajo. Dentro del hueco. De una rama a otra. El amarillo se reflejaba en las gotas de agua que expulsaban las copas de los árboles.

Notaba como si el aire lo acariciara y le incitara a caminar en una sola dirección. Sentía paz. Se dejó llevar. Siguió aquella luz hasta que la oscuridad desapareció. Delante de él se abría el camino que conducía al mismo prado donde había estado jugando.

—¡Dios mío! –escuchó a lo lejos.

Corrió como nunca. Sus abuelos lo esperaban de rodillas, entre sollozos, calados hasta los huesos. El abrazo sirvió para hacerse una promesa. Desde entonces escucharía a los mayores con respeto, pensaría en sus advertencias y, sobre todo, en las consecuencias que conllevaba rebelarse. Menos mal que en aquella ocasión había contado con la protección de las hadas. De no ser así, todavía vagaría por el bosque convirtiéndose en la leyenda del niño perdido.

Así que, si oyes la melodía de una flauta dulce, párate y escucha. Un hada estará cerca y, si es necesario, tratará de ayudarte pero tienes que poner de tu parte. ¿Lograrás verla?

Y con este final inesperado, doy el cuento por acabado.

**Daniel Harris**

# Abril

| Lu | Ma | Mi | Ju | Vi | Sa | Do |
|----|----|----|----|----|----|----|
|    | 1  | 2  | 3  | 4  | 5  | 6  |
| 7  | 8  | 9  | 10 | 11 | 12 | 13 |
| 14 | 15 | 16 | 17 | 18 | 19 | 20 |
| 21 | 22 | 23 | 24 | 25 | 26 | 27 |
| 28 | 29 | 30 |    |    |    |    |

«Esta nueva era requiere
una nueva manera de pensar,
un nuevo modo de hacer las cosas
y una nueva forma de ser».

LON

# Marzo ~ Abril

## Lunes 31

## Martes 1

## Miércoles 2

# Abril

| Lu | Ma | Mi | Ju | Vi | Sa | Do |
|----|----|----|----|----|----|----|
|    | 1  | 2  | 3  | 4  | 5  | 6  |
| 7  | 8  | 9  | 10 | 11 | 12 | 13 |
| 14 | 15 | 16 | 17 | 18 | 19 | 20 |
| 21 | 22 | 23 | 24 | 25 | 26 | 27 |
| 28 | 29 | 30 |    |    |    |    |

## Jueves 3

## Viernes 4

## Sábado 5

 *Cuarto creciente*

## Domingo 6

# Abril

## Lunes 7

## Martes 8

## Miércoles 9

# Abril

| Lu | Ma | Mi | Ju | Vi | Sa | Do |
|----|----|----|----|----|----|----|
|    | 1  | 2  | 3  | 4  | 5  | 6  |
| 7  | 8  | 9  | 10 | 11 | 12 | 13 |
| 14 | 15 | 16 | 17 | 18 | 19 | 20 |
| 21 | 22 | 23 | 24 | 25 | 26 | 27 |
| 28 | 29 | 30 |    |    |    |    |

## Jueves 10

---

## Viernes 11

---

## Sábado 12

---

## Domingo 13

 *Luna llena*

# Abril

Lunes 14

---

Martes 15

---

Miércoles 16

# Abril

| Lu | Ma | Mi | Ju | Vi | Sa | Do |
|----|----|----|----|----|----|----|
|    | 1  | 2  | 3  | 4  | 5  | 6  |
| 7  | 8  | 9  | 10 | 11 | 12 | 13 |
| 14 | 15 | 16 | 17 | 18 | 19 | 20 |
| 21 | 22 | 23 | 24 | 25 | 26 | 27 |
| 28 | 29 | 30 |    |    |    |    |

## Jueves 17

---

## Viernes 18

*Viernes Santo*

---

## Sábado 19

*Cuarto menguante*

---

## Domingo 20

*Domingo de Pascua*

# Abril

## Lunes 21
*Lunes de Pascua*

## Martes 22

## Miércoles 23
*Día de sant Jordi y día mundial del libro*

# Abril

| Lu | Ma | Mi | Ju | Vi | Sa | Do |
|----|----|----|----|----|----|----|
|    | 1  | 2  | 3  | 4  | 5  | 6  |
| 7  | 8  | 9  | 10 | 11 | 12 | 13 |
| 14 | 15 | 16 | 17 | 18 | 19 | 20 |
| 21 | 22 | 23 | 24 | 25 | 26 | 27 |
| 28 | 29 | 30 |    |    |    |    |

## Jueves 24

## Viernes 25

## Sábado 26

## Domingo 27

 Luna nueva

# Daniela en el silencio del bosque

Daniela era una mujer madura que se sentía decepcionada por la vida, no se habían cumplido sus grandes sueños, hacía poco se había quedado sin trabajo. Creía que la vida era una sucesión de desdichas con un final triste. No le veía sentido a nada, estaba muy abatida. Lo único que le aliviaba era pasar tiempo en la naturaleza escuchando sus sonidos. Por ello había decidido dejar la ciudad y acomodarse en una pequeña cabaña abandonada situada junto a un bosque. Allí pasaba el tiempo leyendo, escribiendo y paseando entre el verde de los árboles.

El médico le había recetado algunas medicinas, pero ella prefirió echar mano de la luz del Sol, el descanso y el aire fresco. Caminaba pisando la tierra con suavidad y sin prisa, parándose a escuchar el canto de los pájaros, los ruiditos de las ardillas, el viento soplando entre los árboles, el zumbido de los insectos o el carreteo de las cotorras.

Lo que más la relajaba era detenerse en la orilla del río y escuchar su discurrir. En el crepúsculo el silencio avanzaba sigilosamente dando paso a otros sonidos más sutiles que no se escuchaban durante el día como el de los lirones y las ginetas. Al caer la noche los sonidos se tornaban más misteriosos, como el ulular de los búhos o los inquietantes aullidos de los lobos a lo lejos. La verdad es que Daniela no tenía miedo, en su apatía sentía que no tenía mucho más que perder.

Siempre había sido una mujer muy intuitiva y, debido quizás a esa relación tan directa que tenía con la naturaleza, intuía que el mundo era mucho más grande de lo que veían sus ojos.

Una tarde se tumbó en un claro del bosque a escuchar el suave y ondulante sonido de un arroyo. De repente oyó un batir de alas muy sutil. Abrió los ojos, pero no vio de dónde provenía el aleteo. Pensando que debía tratarse de un insecto de gran tamaño volvió a mirar. Su expresión de sorpresa fue mayúscula cuando vio claramente un hada que se dirigía hacia ella. Con los ojos como platos observó cómo ésta finalmente se detenía a su lado:

—Hola, Daniela, ¿cómo estás? –le preguntó el ser de luz, porque sin duda lo era.

Toda ella era puro brillo, sus alas cristalinas contenían hilitos violetas que parecían luces fluorescentes y su vestido era dorado y translúcido.

Daniela no salía de su asombro. Siempre había sentido en su corazón que debía existir algo más, pero ver un hada, y más a su edad, era mucho más de lo que se habría podido esperar.

Daniela se frotó los ojos pensando que así despertaría. No podía tratarse de un hada de verdad. Luego empezó a hablar:

—Estoy bien, ¿cómo te llamas? ¿Eres realmente un hada o sólo estás en mi imaginación? Entonces ¿las hadas existís? ¿No sois una leyenda? ¿Hay más seres como tú en este bosque?

—Son muchas preguntas a la vez –le respondió el hada con la voz más dulce que había escuchado jamás–. Me llamo Lorelei, y te diré que las hadas existimos, pero en una realidad en la que sólo pueden entrar los seres puros de alma. Durante el tiempo en que has vivido en este bosque, te hemos estado observando cuidadosamente. Gracias a que has vivido muy conectada con la tierra y prestado atención a tus cinco sentidos, has absorbido su energía y eso te facilita que ahora puedas vernos.

El hada siguió diciendo:

—Ven conmigo, ahora contemplarás el bosque desde una nueva perspectiva.

El hada cogió de la mano a Daniela y la ayudó a cruzar el río. Más allá le esperaba un mundo encantado que a ella, curiosamente, le iba a parecer mucho más real que el que habitaba a diario. En verdad, no todo el mundo tenía acceso a ese lugar, estaba reservado para los seres con algún don o talento especial. Daniela había adquirido el don de escuchar, que se había ganado pasando innumerables horas en silencio en el bosque.

Nada más cruzar al otro lado del río su fascinación fue en aumento. Sentía que las flores estaban tan vivas que reclamaban su atención. Miró un árbol que parecía llamarle de la misma manera. Cuanto observaban sus ojos parecía increíblemente real y hermoso.

A ese lado del bosque todo parecía estar más vivo. Los colores eran mucho más brillantes y nítidos que cualquier color que hubiera visto antes. Mirarlos le resultaba relajante y terapéutico. Percibía los sonidos como si estuviera en un cine con sonido *dolby surround*. Con ese sonido envolvente escuchó de nuevo un batir de alas. Esta vez eran las amigas del hada que la habían recogido al otro lado del río. La risueña comitiva se quedó suspendida en el aire mientras sus alas seguían batiendo y ellas observaban divertidas la cara de asombro de Daniela.

Entre todas la llevaron en volandas al lugar más mágico del bosque. Daniela miraba a un lado y a otro sin dar crédito a lo que veía. Se encontraba en el medio de un claro entre el boscaje donde había una losa gigante. Aquel lugar parecía un altar medieval para practicar rituales. Las hadas colocaron a Daniela sobre la gran circunferencia de piedra. A pesar de su dureza, se sintió cómoda y como estaba situada en un lugar ligeramente elevado, pudo observar cómo una gran cantidad de pequeños seres la rodeaban observándola atentamente.

Entre ellos distinguió en primera fila a la comitiva de hadas que la habían transportado por el aire, incluyendo a Lorelei. Además de elfos, gnomos y pequeños duendes había seres mitológicos que nunca pensó ver ni siquiera en sueños, como unicornios, dragones e incluso algún ogro. También había pájaros, ratones, musarañas y mariposas, hormigas, ranas, sapos y salamandras. «Todo el bosque encantado al completo», pensó Daniela.

Los miró a todos desde lo alto de la piedra mientras se daba cuenta de que los árboles se comunicaban con ella a través del silencio. Pudo ver que su savia era de un color verde brillante y ascendía desde la raíz hasta las ramas más altas.

Cuanto contemplaba no podía ser más que un sueño, sin embargo, le parecía tan real…

Entonces, miró hacia arriba y vio tres pequeñas circunferencias de luz brillante suspendidas en el aire. Se quedó inmóvil sin poder apartar la vista de ellas. Aunque la luz era muy brillante no hacía daño a los ojos; de las bolas de luz irradiaba un inmenso confort. Daniela recostó la cabeza en la cálida piedra y se dio cuenta de que todo en ese mundo encantado irradiaba un amor incondicional.

—Daniela, la piedra donde te hayas sentada es una piedra mágica que renueva la energía de aquel que se recuesta en ella. Cuando salgas del bosque te sentirás muy feliz y reavivada gracias a su esencia. A veces escogemos a personas que sufren mucho y las traemos aquí para aliviar su pesada carga. Al día siguiente, recuperan las ganas de vivir. Aunque nos gustaría, no podemos traer hasta aquí a todos los seres del planeta –le dijo Lorelei con su bellísima voz–. Pero cada persona que se vuelve feliz es capaz de hacer felices a muchas otras más; así que creemos que ese poco sirve de mucho.

Daniela sintió una energía poderosa que sanaba su cuerpo y una sensación de amor envolvente. Su alma estaba siendo sanada. Todo allí era hermoso, cada molécula de su cuerpo palpitaba en luz y amor. Era una sensación increíble. Daniela se sentía más viva que nunca. Miró por encima de su hombro y vio a todos los seres y animales del bosque irradiando el mismo amor. Para finalizar, una gran cascada de estrellas de luz brillantes descendió sobre su cuerpo. Fue el punto final del tratamiento tan especial que acababa de recibir.

Al acabar sintió unas ganas de reír inmensas y una gran paz en su corazón.

Lorelei siguió diciendo:

—Nos gustaría que, al regresar a tu mundo, transmitieras algo de lo que hoy has sentido a quien te encuentres. Sólo tienes que permanecer en silencio. Eso será suficiente para que puedas revelar muchas cosas a los demás. Tu silencio será una forma de comunicación poderosa. Ahora duerme, te dejaremos descansar un rato.

Lorelei la tapó con una manta y le puso un cojín en la cabeza. A Daniela no le pareció que la piedra estuviera fría sino todo lo contrario: irradiaba un calor muy agradable que la hacía sentir muy bien.

Allí permaneció un tiempo indeterminado. No sabía cuánto tiempo había dormido, pero al despertarse se vio inundada por una felicidad y unas ganas de vivir difíciles de explicar con palabras.

Las hadas ya no necesitaron decirle nada más porque ahora ella sabía todo cuanto necesitaba saber. Su energía se hallaba completamente pura y podía acceder al libro de la Sabiduría de la vida de forma directa.

Daniela se vio de nuevo junto al arroyo. Allí estaba Lorelei. Las demás hadas habían desaparecido. Esta vez, ambas se comunicaron sin palabras y finalizaron su encuentro con un abrazo en el que Daniela sintió cómo su corazón se llenaba de amor y gratitud.

Todo a su alrededor estaba lleno de una gran energía de luz que se extendía dentro y fuera de su cuerpo.

Aunque en el tiempo real apenas había transcurrido una hora, para ella había sido una eternidad y el impacto que había recibido le duraría toda su vida. Ahora tenía la prueba de que, en verdad, existía todo lo que siempre había intuido. El mundo invisible es mucho más vasto e importante que el visible. El mundo que vemos no es nada comparado con lo que se esconde más allá. Todo tiene cabida en lo invisible porque es infinito. Cualquier otra realidad que podamos imaginar existe en ésta y podemos sentirla incluso de una forma más real.

A partir de aquella experiencia, Daniela empezó a creer en sí misma porque había visto y sentido quién era en realidad, de qué estaba hecha. Las hadas le habían mostrado que ese amor incondicional la sostenía y también sostenía el resto del mundo, aunque esto aún no puede percibirse con un corazón impuro.

Ahora Daniela se sentía llena de fuerza y confianza para acometer cualquier cosa que se le pasase por la cabeza. La piedra mágica del bosque encantado la había liberado de todas sus antiguas creencias que la habían martirizado y la habían hecho creer que no valía lo suficiente.

Desde el instante en que puso de nuevo los pies en el mundo de los humanos pisó con fuerza y dejó de atormentarse con pensamientos absurdos. Su vida se desplegó ante ella de una manera mágica e inimaginable hasta entonces. Se creyó invencible sin por ello perder su humildad ni el deseo de ayudar a los demás a verse a sí mismos de la misma manera. Tuvo claro que en la vida todo sucede por una razón y que, al final, las cosas tienden a resolverse por sí mismas, porque forman parte de un orden mayor.

Desde aquel día en que conoció a las hadas, Daniela lució radiante. Su aura de luz y su profundo silencio contagiaron de paz y alegría a cuantos se cruzaban con ella. Sin mediar palabra, entendían que la felicidad está dentro de cada uno y que depende de cada cual ir o no en su búsqueda.

Este cuento pudo no haber sucedido, querido lector, pero puedes creerme si te digo que fue bien cierto.

**Maite Bayona**

# Mayo

| Lu | Ma | Mi | Ju | Vi | Sa | Do |
|----|----|----|----|----|----|----|
|    |    |    | 1  | 2  | 3  | 4  |
| 5  | 6  | 7  | 8  | 9  | 10 | 11 |
| 12 | 13 | 14 | 15 | 16 | 17 | 18 |
| 19 | 20 | 21 | 22 | 23 | 24 | 25 |
| 26 | 27 | 28 | 29 | 30 | 31 |    |

«Un río fluye cuando está bien encauzado, cuando no está bien encauzado no fluye, se desborda».

Mario Sabán

# Abril

**Lunes 28**

**Martes 29**

**Miércoles 30**

# Mayo

| Lu | Ma | Mi | Ju | Vi | Sa | Do |
|----|----|----|----|----|----|----|
|    |    |    | 1  | 2  | 3  | 4  |
| 5  | 6  | 7  | 8  | 9  | 10 | 11 |
| 12 | 13 | 14 | 15 | 16 | 17 | 18 |
| 19 | 20 | 21 | 22 | 23 | 24 | 25 |
| 26 | 27 | 28 | 29 | 30 | 31 |    |

## Jueves 1

*Día Internacional de los Trabajadores*

## Viernes 2

## Sábado 3

## Domingo 4

 *Cuarto creciente*

# Mayo

## Lunes 5
*Día de la Madre*

---

## Martes 6

---

## Miércoles 7

# Mayo

| Lu | Ma | Mi | Ju | Vi | Sa | Do |
|----|----|----|----|----|----|----|
|    |    |    | 1  | 2  | 3  | 4  |
| 5  | 6  | 7  | 8  | 9  | 10 | 11 |
| 12 | 13 | 14 | 15 | 16 | 17 | 18 |
| 19 | 20 | 21 | 22 | 23 | 24 | 25 |
| 26 | 27 | 28 | 29 | 30 | 31 |    |

## Jueves 8

## Viernes 9

## Sábado 10

## Domingo 11

# *Mayo*

## Lunes 12

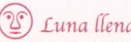 *Luna llena*

## Martes 13

## Miércoles 14

# Mayo

| Lu | Ma | Mi | Ju | Vi | Sa | Do |
|----|----|----|----|----|----|----|
|    |    |    | 1  | 2  | 3  | 4  |
| 5  | 6  | 7  | 8  | 9  | 10 | 11 |
| 12 | 13 | 14 | 15 | 16 | 17 | 18 |
| 19 | 20 | 21 | 22 | 23 | 24 | 25 |
| 26 | 27 | 28 | 29 | 30 | 31 |    |

## Jueves 15

## Viernes 16

## Sábado 17

## Domingo 18

*Domingo de Pentecostés*

# *Mayo*

## Lunes 19 ☾ *Cuarto menguante*

## Martes 20

## Miércoles 21

# Mayo

| Lu | Ma | Mi | Ju | Vi | Sa | Do |
|----|----|----|----|----|----|----|
|    |    |    | 1  | 2  | 3  | 4  |
| 5  | 6  | 7  | 8  | 9  | 10 | 11 |
| 12 | 13 | 14 | 15 | 16 | 17 | 18 |
| 19 | 20 | 21 | 22 | 23 | 24 | 25 |
| 26 | 27 | 28 | 29 | 30 | 31 |    |

### Jueves 22

---

### Viernes 23

---

### Sábado 24

---

### Domingo 25

# Mayo

## Lunes 26

## Martes 27

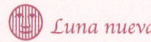 *Luna nueva*

## Miércoles 28

# Mayo ⚜ Junio

| Lu | Ma | Mi | Ju | Vi | Sa | Do |
|----|----|----|----|----|----|----|
|    |    |    | 1  | 2  | 3  | 4  |
| 5  | 6  | 7  | 8  | 9  | 10 | 11 |
| 12 | 13 | 14 | 15 | 16 | 17 | 18 |
| 19 | 20 | 21 | 22 | 23 | 24 | 25 |
| 26 | 27 | 28 | 29 | 30 | 31 |    |

## Jueves 29

*Corpus Christi*

---

## Viernes 30

---

## Sábado 31

---

## Domingo 1

# Del otro lado

La noche se alzaba oscura en el pequeño pueblo de Outsmall, en el sector 14, el más alejado del centro y, por lo tanto, el más pobre. Desde la mugrosa ventana de su habitación, Aria podía alcanzar a ver el lado sur del muro, lleno de grafitis y dibujos mal hechos.

Cuando era pequeña, le habían enseñado que la muralla que rodeaba el país protegía a los pocos humanos que quedaban de las bestias del exterior. De hecho, Aria recordaba aquel día en clase de historia en que les habían explicado cómo eran aquellos monstruos que casi acaban con la raza humana. Las hadas, los animales horrorosos de cinco ojos y tres piernas, recubiertos de escamas y con los dientes más afilados de todo el reino animal. Y que, por si eso fuera poco aterrador, se decía que podían llegar a medir hasta siete metros. Todos los niños de la escuela se quedaron aterrorizados ante dicha descripción, todos menos Aria, ella se había quedado fascinada por aquellos seres, supuestamente malévolos, por lo que se dispuso a investigar en la única biblioteca del sector.

Un día, tomó prestados todos los libros que le cabían en sus pequeños brazos y los llevó a su humilde casa cerca del borde del muro. Se pasó toda la noche en vela estudiando los antiguos manuscritos y descubrió ciertos trazos de las hadas que casi nadie en aquel sector conocía. Descubrió que los humanos se habían refugiado en el interior de las murallas, pues la Tierra fuera de ellas ya no era habitable a causa de las explosiones de gas nocivo para los seres humanos y la basura que las hadas producían a diario. Pero Aria aún no era capaz de entender como un ser con un nombre tan precioso y especial podía llegar a ser tan vil y despiadado.

Pensó y pensó y pensó…

Estuvo toda la noche dándole vueltas al asunto hasta que cayó rendida entre los brazos de Morfeo. Se despertó cuando el imponente y gélido viento nocturno le rozó las mejillas. Abrió los ojos lentamente. Al revisar su cuarto, se dio cuenta de que la ventana delante del escritorio estaba abierta de par en par, y que de ahí provenía el álgido vendaval. Aria no recordaba haber abierto la ventana en ningún momento, pero lo atribuyó al cansancio y simplemente cerró la ventana. Decidió que era mejor meterse en la cama de inmediato, pero su sorpresa fue mayor al levantar la fina capa de piel que usaba como edredón y encontrar a un pequeño ser de no más de seis centímetros. Aria dio un salto que la hizo caer de espaldas al suelo. Se apresuró a tomar una de sus sandalias para utilizarla como arma contra aquella especie de cucaracha voladora. El pequeño monstruo alzó sus diminutos brazos en son de paz y, en ese instante, Aria pudo apreciar a aquella bestia. Parecía una especie de humana diminuta, a diferencia de que ésta tenía alas de un color amarillento. Vestía con una hoja de árbol ajustada al cuerpo, y llevaba microscópicas amapolas enredadas en su larga y rojiza cabellera.

Aria no podía ni moverse, el simple hecho de ver cualquier cosa diferente a lo habitual siempre la ponía nerviosa.

—No me hagas daño por favor –alcanzó a oír Aria.

Aún atemorizada, bajó la sandalia.

—Dime quién eres y qué haces en mi cabaña –dijo Aria, con una fuerza que ni ella misma sabía de dónde había sacado.

—Soy una simple hada obrera, no vengo en busca de guerra, gran aniquiladora –dijo la supuesta hada con un ademán de miedo y respeto al mismo tiempo, mientras inclinaba la cabeza.

—¿Hada? Pero eso es imposible, las hadas no son tan pequeñas, son grandes monstruos que casi acaban con nuestra especie –declaró Aria.

—¿Grandes monstruos? Pero si somos unas criaturas adorables –respondió el hada con extrañeza–. Y en todo caso, fuisteis vosotros los que casi acabasteis con nuestra tribu.

—Pero si en todos los libros de historia se relata la horrorosa masacre a manos de las hadas, cuando infectaron nuestro planeta y eliminaron al 94 % de la población humana –replicó la niña con ímpetu–. Además, ¿por qué me llamas gran aniquiladora?

—Porque eres de la raza de los aniquiladores de la mayoría de las tribus de hadas. Los que cazaban familias y arrasaban bosques.

—Eso no es posible... –murmuró–. Pero si nos refugiamos dentro de los muros para protegernos de vuestros gases tóxicos que infectaron el planeta.

—Que yo sepa las hadas no soltamos gases, pero al cruzar la muralla me he encontrado con unos hombres que recolectaban un polen extraño, por poco me atrapan...

El hada detuvo su discurso cuando vio a la joven ponerse una fina chaqueta y coger una mochila.

—¿Qué se supone que haces? –preguntó el hada.

—Prepararme. Tú me vas a guiar hasta fuera de las murallas, a menos que quieras que te encierre en un pote –señaló con seguridad.

El hada tragó saliva al oír la amenaza, y sin rechistar asintió.

La niña saltó con gran agilidad por la ventana, seguida de cerca por el hada, que inmediatamente inició su vuelo hasta el muro. Aria la siguió hasta una pequeña tienda, resguardada por un par de soldados armados. Aquellos hombres estaban en medio de una charla trivial, aunque Aria sólo alcanzó a oír ciertas palabras. «Polen». «Magia». «Restaurar el mundo». Al verlos distraídos, Aria aprovechó para colarse por un pequeño agujero en la tienda en el que, por su pequeño tamaño, era capaz de entrar. Una vez dentro, vio una

gran máquina en la que se vertían algunos pequeños cuerpos. El hada se horrorizó al ver aquella escena.

—Les están extrayendo su polen –susurró con miedo.

Aria se paró a pensar en las palabras del guardia, «restaurar el mundo». Quizás querían usar el polen de hada para volver a hacer habitable el planeta.

—No tenemos tiempo, hay que salir lo antes posible –dijo Aria.

Rápidamente subieron por una pequeña escalera hasta llegar a un ascensor. El hada, impulsivamente, lanzó un polvo mágico a los vigilantes, que cayeron rendidos al instante. Aria se sorprendió al verlo, pero no dudó ni un segundo en entrar al ascensor. Éste fue rápido y, al instante, se encontraron en la cima del muro. Al salir del ascensor, Aria no pudo evitar quedarse maravillada ante la inmensidad del mundo que se extendía frente a sus ojos. El paisaje no era verde y lleno de árboles como los libros describían, sino oscuro y lleno de penumbras, aunque era hermoso para ella, pues nunca había visto una extensión de semejantes dimensiones. Antes de que pudiera bajar del muro por el lado del mundo exterior, Aria sintió como el hada la cubría de otro polvo extraño. Temió desmayarse como los guardias, sin embargo, no ocurrió nada.

—Es para protegerte de la radiación –aclaró el hada con una gran sonrisa.

En aquel momento, la teoría de Aria se volvió más sólida, tal vez los humanos no eran malos y realmente querían aquel polvo para poder volver al mundo exterior.

Al cabo de unos minutos, por fin, se encontraban del otro lado del muro. Aquello era un yermo desolado sin vida alguna. Aria intentó imaginarse cómo sería vivir en un mundo como aquel cien

años atrás. Todo parecía precioso hasta que volvió a la realidad al tropezar con un objeto extraño. Era como una especie de botella, pero no de cartón como las que utilizaba en casa, sino de un material transparente, no como el vidrio, era más flexible. Extrañada, recogió la pieza.

—¿Qué es esto? –le preguntó a su acompañante señalando la botella.

—Es una botella de un material llamado plaskik o plasticia, no lo recuerdo bien, pero sé que es una de las razones por las que este planeta ya no es habitable para los humanos. En mi tribu se cree que fue un castigo de los dioses a los humanos por intentar exterminarlos.

Fue entonces cuando Aria empezó a atar cabos. Recordaba aquella clase donde les hablaron de algunos materiales utilizados en el mundo antiguo. Recordaba aquel, el *plástico*. Dejó caer la botella al suelo en un momento de shock. Al girar la cabeza se encontró con un tanque con una inscripción escrita, «petróleo».

Entonces, comprendió todo. Los humanos casi acaban con las hadas para obtener su magia y salvar el mundo, pero no fue por razones nobles. Querían volver a tomar un mundo que ellos mismos, con su egoísmo e insensibilidad, habían echado a perder. Pero ¿merecían realmente los humanos volver a vivir en un mundo que sabían que tarde o temprano destruirían?

**Martina Vinseiro Soler**

# Junio

| Lu | Ma | Mi | Ju | Vi | Sa | Do |
|----|----|----|----|----|----|----|
|    |    |    |    |    |    | 1  |
| 2  | 3  | 4  | 5  | 6  | 7  | 8  |
| 9  | 10 | 11 | 12 | 13 | 14 | 15 |
| 16 | 17 | 18 | 19 | 20 | 21 | 22 |
| 23 | 24 | 25 | 26 | 27 | 28 | 29 |
| 30 |    |    |    |    |    |    |

«Cuanto más atrás puedas mirar, más lejos hacia delante es probable que veas».

Winston Churchill

# *Junio*

## Lunes 2

---

## Martes 3    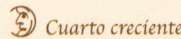 *Cuarto creciente*

---

## Miércoles 4

# Junio

| Lu | Ma | Mi | Ju | Vi | Sa | Do |
|----|----|----|----|----|----|----|
|    |    |    |    |    |    | 1  |
| 2  | 3  | 4  | 5  | 6  | 7  | 8  |
| 9  | 10 | 11 | 12 | 13 | 14 | 15 |
| 16 | 17 | 18 | 19 | 20 | 21 | 22 |
| 23 | 24 | 25 | 26 | 27 | 28 | 29 |
| 30 |    |    |    |    |    |    |

## Jueves 5

## Viernes 6

## Sábado 7

## Domingo 8

# Junio

## Lunes 9

---

## Martes 10

---

## Miércoles 11

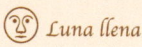 Luna llena

# Junio

| Lu | Ma | Mi | Ju | Vi | Sa | Do |
|----|----|----|----|----|----|----|
|    |    |    |    |    |    | 1  |
| 2  | 3  | 4  | 5  | 6  | 7  | 8  |
| 9  | 10 | 11 | 12 | 13 | 14 | 15 |
| 16 | 17 | 18 | 19 | 20 | 21 | 22 |
| 23 | 24 | 25 | 26 | 27 | 28 | 29 |
| 30 |    |    |    |    |    |    |

## Jueves 12

## Viernes 13

## Sábado 14

## Domingo 15

# *Junio*

## Lunes 16

---

## Martes 17

---

## Miércoles 18

☾ *Cuarto menguante*

# Junio

| Lu | Ma | Mi | Ju | Vi | Sa | Do |
|----|----|----|----|----|----|----|
|    |    |    |    |    |    | 1  |
| 2  | 3  | 4  | 5  | 6  | 7  | 8  |
| 9  | 10 | 11 | 12 | 13 | 14 | 15 |
| 16 | 17 | 18 | 19 | 20 | 21 | 22 |
| 23 | 24 | 25 | 26 | 27 | 28 | 29 |
| 30 |    |    |    |    |    |    |

## Jueves 19

---

## Viernes 20

---

## Sábado 21

---

## Domingo 22

# *Junio*

## Lunes 23

---

## Martes 24

---

## Miércoles 25

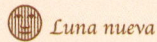 *Luna nueva*

# Junio

| Lu | Ma | Mi | Ju | Vi | Sa | Do |
|----|----|----|----|----|----|----|
|    |    |    |    |    |    | 1  |
| 2  | 3  | 4  | 5  | 6  | 7  | 8  |
| 9  | 10 | 11 | 12 | 13 | 14 | 15 |
| 16 | 17 | 18 | 19 | 20 | 21 | 22 |
| 23 | 24 | 25 | 26 | 27 | 28 | 29 |
| 30 |    |    |    |    |    |    |

## Jueves 26

---

## Viernes 27

---

## Sábado 28

---

## Domingo 29

# *Tempus fugit*

La brisa impregnada de tomillo la despertó de su profundo y dulce sueño. Entreabrió los ojos legañosos, estiró su piernecilla derecha y los volvió a cerrar para estirarse completamente como un gatito se despereza entre siesta y siesta.

Ya se erguía sobre su hoja verde para contemplar el maravilloso día cuando vio que se encontraba sola, que las hojas que la rodeaban estaban vacías.

—¡Hola!

Al no escuchar respuesta alguna, alzó la voz:

—¿Hola?

Giró sobre sí misma y gritó:

—¿Dónde estáis?

—¡No grites, mi niña! –se oyó decir dos hojas más arriba–. ¿Por qué gritas en esta hermosa mañana? –le preguntó el Hada Cocinera, que asomaba su nariz rechoncha por el filo de una de las hojas más grandes y verdes del árbol.

—No quería gritar, Hada Cocinillas, pero no he visto a nadie y me he asustado –dijo la joven hada mirando hacia arriba.

—¡Ah! ¡Claro, están todas en el jardín –arrugó la nariz el Hada Cocinera–, hoy el Hada Mayor reparte las varitas! Ya sabes… –continuó blandiendo la cuchara en el aire como si cazara moscas–. Por cierto, tú no deberías estar…

Una nube verde y dorada rozó su gorda nariz dejándola con la palabra en la boca y la conversación zanjada.

—Estas niñas…, ya nada es como antes –siguió diciendo el Hada Cocinera, y metiendo el puchero en la olla continuó removiendo el suculento potaje.

«Oh, por todas las hadas del universo, ¡me he dormido! Cómo me he podido dormir», se decía a sí misma la joven hada agitando sus alas bajo el sol del mediodía en dirección al patio.

Cuando llegó al patio rodeado de hierba alta y amapolas, vio a sus compañeras repartidas en pequeños círculos parloteando alegres, mostrándose unas a otras sus varitas de colores brillantes. Estaban tan felices que no pudo más que sonreír y acercarse al primer corro.

—Chicas ¿ya tenéis vuestra varita?

—¡Sí, qué emoción! –dijo un hada pelirroja y pecosa alzando su varita amarilla que soltó una estela de chispas doradas–. ¡Ya no soy Ruth, soy el Hada de los Dientes!

—¡Yo soy el Hada de la Música! –siguió diciendo un hada de piel tostada, ondeando su varita verde de la que se desprendieron pequeñas estrellas de color púrpura.

—¡Y yo el Hada de los Sueños! –dijo un hada de pelo negro, mientras removía su varita azul noche dibujando en el aire pequeños círculos de destellos blancos como la luz de la Luna.

La joven hada se quedó maravillada con la magia que desprendían las varitas que sujetaban sus compañeras y no pudo esperar más para saber cómo sería la suya. Así que sus alas la alzaron del suelo polvoriento y se dirigió hacia la tarima donde se hallaba su mentora.

Pero, a medida que se iba acercando a la piedra que hacía de mesa, la inquietud se apoderó de ella.

—¡No puede ser, no puede ser! –se dijo a sí misma tapándose la boca con las manos–. ¡Esta varita no puede ser la mía!

Se detuvo enfrente de la mesa y miró con ojos llorosos la singular varita que reposaba en la piedra, esperándola.

El Hada Mayor se giró al oír el batir de alas de la joven hada a su espalda.

—¿Rebeca? –la miró de los pies a la cabeza–. Has vuelto a llegar tarde...

—¡Oh, disculpe Hada Mayor! –Y se cubrió de nuevo la cara con las manos, tapándose las mejillas que le ardían–. Me he quedado dormida…

—¡Aquí tienes tu varita! –El Hada Mayor alzó, como si de una joya se tratara, la varita negra azabache que reposaba en la mesa para entregársela–. A partir de hoy serás el Hada de las Horas.

—¡No! ¿Negra? No puede ser. Es un gran error. ¡Ésta no puede ser mi varita! –dijo quejumbrosa–. ¡Qué será de mí…!

El Hada Mayor insistió en que la joven hada cogiera la varita que le entregaba.

El Hada de las Horas se resistía a coger su varita negra, la que la acompañaría a lo largo de toda su vida.

—Rebeca, nadie más que tú puede tener esta varita, es tuya. ¡Cógela!

La joven hada se limpió resignada las lágrimas que corrían por sus mejillas y tomó la varita entre sus pequeñas y delicadas manos. En ese instante, la varita negra resplandeció, y le transfirió el poder de jugar con el tiempo.

El Hada Mayor sonrió a la Hada de las Horas, y le dijo:

—¡A partir de ahora alargarás y acortarás el tiempo! ¡Harás que los momentos felices se hagan eternos y que permanezcan en los recuerdos y, que los difíciles duren un instante y se olviden!

**Maria Parera Puig**

# Julio

| Lu | Ma | Mi | Ju | Vi | Sa | Do |
|----|----|----|----|----|----|----|
|    | 1  | 2  | 3  | 4  | 5  | 6  |
| 7  | 8  | 9  | 10 | 11 | 12 | 13 |
| 14 | 15 | 16 | 17 | 18 | 19 | 20 |
| 21 | 22 | 23 | 24 | 25 | 26 | 27 |
| 28 | 29 | 30 | 31 |    |    |    |

«Reflejar es el poder de quien
ha perdido toda forma e identidad.
Y cuando tú te conviertes también en espejo,
lo que queda es la Vida mirándose a sí misma,
la Luz reflejándose a sí misma
hasta la eternidad».

Grian

# Junio 🌼 Julio

## Lunes 31

## Martes 1

## Miércoles 2

 *Cuarto creciente*

# Julio

| Lu | Ma | Mi | Ju | Vi | Sa | Do |
|----|----|----|----|----|----|----|
|    | 1  | 2  | 3  | 4  | 5  | 6  |
| 7  | 8  | 9  | 10 | 11 | 12 | 13 |
| 14 | 15 | 16 | 17 | 18 | 19 | 20 |
| 21 | 22 | 23 | 24 | 25 | 26 | 27 |
| 28 | 29 | 30 | 31 |    |    |    |

## Jueves 3

## Viernes 4

## Sábado 5

## Domingo 6

# *Julio*

## Lunes 7

## Martes 8

## Miércoles 9

# Julio

| Lu | Ma | Mi | Ju | Vi | Sa | Do |
|----|----|----|----|----|----|----|
|    | 1  | 2  | 3  | 4  | 5  | 6  |
| 7  | 8  | 9  | 10 | 11 | 12 | 13 |
| 14 | 15 | 16 | 17 | 18 | 19 | 20 |
| 21 | 22 | 23 | 24 | 25 | 26 | 27 |
| 28 | 29 | 30 | 31 |    |    |    |

## Jueves 10

☾ Luna llena

## Viernes 11

## Sábado 12

## Domingo 13

# Julio

## Lunes 14

## Martes 15

## Miércoles 16

# Julio

| Lu | Ma | Mi | Ju | Vi | Sa | Do |
|----|----|----|----|----|----|----|
|    | 1  | 2  | 3  | 4  | 5  | 6  |
| 7  | 8  | 9  | 10 | 11 | 12 | 13 |
| 14 | 15 | 16 | 17 | 18 | 19 | 20 |
| 21 | 22 | 23 | 24 | 25 | 26 | 27 |
| 28 | 29 | 30 | 31 |    |    |    |

## Jueves 17

☾ *Cuarto menguante*

## Viernes 18

## Sábado 19

## Domingo 20

# Julio

## Lunes 21

---

## Martes 22

---

## Miércoles 23

# Julio

| Lu | Ma | Mi | Ju | Vi | Sa | Do |
|----|----|----|----|----|----|----|
|    | 1  | 2  | 3  | 4  | 5  | 6  |
| 7  | 8  | 9  | 10 | 11 | 12 | 13 |
| 14 | 15 | 16 | 17 | 18 | 19 | 20 |
| 21 | 22 | 23 | 24 | 25 | 26 | 27 |
| 28 | 29 | 30 | 31 |    |    |    |

## Jueves 24

## Viernes 25

*Santiago Apóstol*
*Luna nueva*

## Sábado 26

## Domingo 27

# Lucecita: El hada con el poder de avivar la llama

Había una vez en el mágico reino de Astiriah, una pequeña hada llamada Lucecita. Vivía en un resplandeciente bosque junto con su familia, donde las risas de las hadas y el tintineo de sus alas al volar llenaban el aire. Sin embargo, como en cualquier familia, a veces surgían disputas.

Una tarde, después de una intensa discusión con sus padres y hermanos, Lucecita se sintió presionada y decidió huir de su hogar. Con lágrimas en los ojos y alas temblorosas, voló lejos, adentrándose en el denso bosque de Astiriah.

La noche cayó rápidamente, y Lucecita se encontró sola en la oscuridad. El bosque, una vez lleno de luz y magia, ahora parecía sombrío y desconocido. Lucecita comenzó a sentir cómo su corazón se volvía más frío con cada paso que daba lejos de su hogar. Sus alas, que antes brillaban con luz propia, ahora perdían su resplandor.

Después de horas vagando, Lucecita llegó a un claro donde una débil luz titilaba en la oscuridad. Intrigada, se acercó y descubrió una pequeña llama danzante. Era una llama mágica, cuyo brillo iluminó la tristeza en los ojos de Lucecita.

—¿Quién eres tú? –preguntó la llama en voz suave.

Lucecita, con voz temblorosa, le contó a la llama la disputa con su familia y cómo se había perdido en el bosque. La llama, con compasión, extendió sus coloridos destellos y envolvió a Lucecita en un cálido abrazo.

—Tu hogar y tu familia son fuentes de luz y calor en tu vida. No dejes que la oscuridad apague tu magia –aconsejó la llama mágica.

Motivada por las palabras de la llama, Lucecita decidió regresar a casa. Siguiendo la luz de la llama, la pequeña hada se aventuró de

nuevo en el bosque, encontrando el camino de vuelta a su hogar. A medida que se acercaba, su corazón empezaba a recobrar las fuerzas que había perdido.

Al llegar, fue recibida por abrazos cálidos y lágrimas de alegría. Su familia, que también había sentido el peso de la discordia, comprendió la importancia de permanecer juntos. Lucecita compartió la enseñanza de la llama mágica y, unidos, decidieron avivar la llama de la unidad y el amor en su hogar.

Pasado cierto tiempo, las risas y el color de Astiriah volvieron. Todos celebraron alegres de poder disfrutar libremente y sentirse felices. Gracias a Lucecita todo volvió a ser reluciente y precioso, lleno de luz y color. Lucecita era feliz y ya no necesitaba nada más salvo estar con su familia, claro.

Desde aquel día, el resplandor en el corazón de Lucecita se convirtió en un faro de esperanza para todas las hadas de Astiriah. Su historia se transmitió de generación en generación, recordándoles que, incluso en los momentos oscuros, el amor y la unidad son la chispa que ilumina el camino a casa. Y así, en el reino de Astiriah, la llama mágica se convirtió en un símbolo de la fuerza que reside en el corazón de una familia unida. Pero aquí no termina esta historia.

Durante años, la historia de Lucecita y la llama mágica se extendió más allá de las fronteras del reino de Astiriah. Diversos seres mágicos, criaturas del bosque y seres de luz de diferentes lugares, escucharon sobre la valentía de la pequeña hada y también sobre su llama mágica.

Una noche estrellada, mientras Lucecita y su familia descansaban, llegó un grupo de seres de otros reinos. Eran hadas, duendes y seres encantados que buscaban la llama mágica para encontrar consuelo en los momentos difíciles. Lucecita, con su resplandor renovado, les dio la bienvenida y compartió la historia de la llama mágica que había cambiado su vida.

Entre todos los seres crearon un lugar especial en donde la llama mágica brillaba con intensidad. Este lugar se convirtió en un santuario de unidad y reconciliación, donde los seres mágicos de diversos lugares acudían en busca de orientación y consuelo. La llama mágica se convirtió en una luz para aquellos que se sentían perdidos en la oscuridad, recordándoles la importancia del amor y la conexión.

A medida que el santuario crecía, se formó un consejo mágico compuesto por representantes de diferentes reinos. Este consejo se reunió regularmente para compartir historias, resolver disputas y fortalecer los lazos entre los diversos seres mágicos. La llama mágica, con su sabiduría centelleante, se convirtió en el símbolo de la unidad que transcendía fronteras y diferencias.

Con el tiempo, la fama del santuario y la historia de Lucecita y la llama mágica llegaron a oídos de la Reina de Astiriah, la soberana del reino de las hadas. Impresionada por la iniciativa de Lucecita y la influencia positiva de la llama, la Reina decidió honrar a la pequeña hada con una distinción especial. Lucecita se convirtió en la Guardiana de la Llama, encargada de mantener viva la chispa de la unidad en todo el reino.

Bajo la guía de Lucecita, el reino se convirtió en un faro de esperanza y reconciliación. Las hadas, duendes y demás criaturas mágicas aprendieron a superar sus diferencias y a trabajar juntas para preservar la magia que los unía. La llama mágica continuó ardiendo, iluminando el camino para aquellos que buscaban la luz en momentos de oscuridad.

Así, en el mágico reino de Astiriah, la historia de Lucecita y la llama mágica se convirtió en un legado perdurable, recordándoles a todos que, incluso en un mundo lleno de magia, el amor, la comprensión y la unidad son los ingredientes esenciales para preservar la luz en el corazón de cada ser mágico.

**Iván Bravo Falguera**

# Agosto

| Lu | Ma | Mi | Ju | Vi | Sa | Do |
|----|----|----|----|----|----|----|
|    |    |    |    | 1  | 2  | 3  |
| 4  | 5  | 6  | 7  | 8  | 9  | 10 |
| 11 | 12 | 13 | 14 | 15 | 16 | 17 |
| 18 | 19 | 20 | 21 | 22 | 23 | 24 |
| 25 | 26 | 27 | 28 | 29 | 30 | 31 |

«La esperanza es el sueño del hombre despierto».

Aristóteles

# Julio

**Lunes 28**

---

**Martes 29**

---

**Miércoles 30**

# Julio & Agosto

| Lu | Ma | Mi | Ju | Vi | Sa | Do |
|----|----|----|----|----|----|----|
|    |    |    |    | 1  | 2  | 3  |
| 4  | 5  | 6  | 7  | 8  | 9  | 10 |
| 11 | 12 | 13 | 14 | 15 | 16 | 17 |
| 18 | 19 | 20 | 21 | 22 | 23 | 24 |
| 25 | 26 | 27 | 28 | 29 | 30 | 31 |

## Jueves 31

## Viernes 1

☾ *Cuarto creciente*

## Sábado 2

## Domingo 3

# Agosto

Lunes 4

---

Martes 5

---

Miércoles 6

# Agosto

| Lu | Ma | Mi | Ju | Vi | Sa | Do |
|----|----|----|----|----|----|----|
|    |    |    |    | 1  | 2  | 3  |
| 4  | 5  | 6  | 7  | 8  | 9  | 10 |
| 11 | 12 | 13 | 14 | 15 | 16 | 17 |
| 18 | 19 | 20 | 21 | 22 | 23 | 24 |
| 25 | 26 | 27 | 28 | 29 | 30 | 31 |

## Jueves 7

---

## Viernes 8

---

## Sábado 9

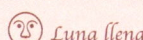 Luna llena

---

## Domingo 10

# Agosto

Lunes 11

---

Martes 12

---

Miércoles 13

# Agosto

| Lu | Ma | Mi | Ju | Vi | Sa | Do |
|----|----|----|----|----|----|----|
|    |    |    |    | 1  | 2  | 3  |
| 4  | 5  | 6  | 7  | 8  | 9  | 10 |
| 11 | 12 | 13 | 14 | 15 | 16 | 17 |
| 18 | 19 | 20 | 21 | 22 | 23 | 24 |
| 25 | 26 | 27 | 28 | 29 | 30 | 31 |

## Jueves 14

---

## Viernes 15     *Asunción de la Virgen*

---

## Sábado 16     ☾ *Cuarto menguante*

---

## Domingo 17

# Agosto

**Lunes 18**

---

**Martes 19**

---

**Miércoles 20**

# Agosto

| Lu | Ma | Mi | Ju | Vi | Sa | Do |
|----|----|----|----|----|----|----|
|    |    |    |    | 1  | 2  | 3  |
| 4  | 5  | 6  | 7  | 8  | 9  | 10 |
| 11 | 12 | 13 | 14 | 15 | 16 | 17 |
| 18 | 19 | 20 | 21 | 22 | 23 | 24 |
| 25 | 26 | 27 | 28 | 29 | 30 | 31 |

## Jueves 21

---

## Viernes 22

---

## Sábado 23

---

## Domingo 24

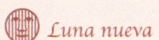 Luna nueva

# Agosto

Lunes 25

---

Martes 26

---

Miércoles 27

# Agosto

| Lu | Ma | Mi | Ju | Vi | Sa | Do |
|----|----|----|----|----|----|----|
|    |    |    |    | 1  | 2  | 3  |
| 4  | 5  | 6  | 7  | 8  | 9  | 10 |
| 11 | 12 | 13 | 14 | 15 | 16 | 17 |
| 18 | 19 | 20 | 21 | 22 | 23 | 24 |
| 25 | 26 | 27 | 28 | 29 | 30 | 31 |

## Jueves 28

---

## Viernes 29

---

## Sábado 30

---

## Domingo 31

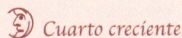 Cuarto creciente

# El guardián del Ter

La mañana era fresca, y el aire límpido y transparente, después de que las lluvias de la noche anterior diluyeran las últimas placas de hielo del invierno. El Sol se colaba entre los pinos gigantes y dibujaba espectros dorados y naranjas. El Ter bajaba furioso, rebosante de agua del deshielo, a pocos kilómetros de su nacimiento.

En un recodo tranquilo del cauce, casi llegando al Clot de Roc de Queràs, Walter pescaba. Ése era su lugar en el Mundo...

Después de casi dieciocho años, se sentía en paz. Su historia había sido noticia en toda Catalunya y por mucho tiempo tuvo que huir de curiosos y periodistas. Hasta hubo un documental en TV3 que explicó el misterio de su vida.

Un helado atardecer de noviembre, unos excursionistas lo encontraron en un claro del bosque junto al Ter, muy cerca de donde se hallaba ahora. Tenía apenas unas semanas de vida, y milagrosamente gozaba de un perfecto estado de salud. Lo hallaron sonriendo y balbuceando sobre un montoncito de plumas, arropado con una preciosa tela de ramas, hojas y flores entretejidas con arte y belleza.

Nunca encontraron a sus padres, pese a la búsqueda incansable que se alargó durante meses, y, con la esperanza de que algún día aparecieran, lo dieron en acogida a una familia de Camprodon. Ellos, su familia, lo criaron con amor, y con el tiempo lo adoptaron. Walter le llamaron, en honor al valle donde fue encontrado.

Esa mañana se sentía especialmente nervioso. Un presentimiento extraño le angustiaba sin que hubiera un motivo aparente. Con la mirada en un punto fijo del río, Walter intentaba pescar.

—¡¡Ey!!... –lo llamaron.

No había nadie a su alrededor...

—¡¡Ey!!... –nuevamente. La llamada provenía de las aguas cristalinas.

—¿Me estoy volviendo loco? ¿Me está hablando un pez? –dijo en voz alta, sin darse cuenta.

—¡¡Jeje, no!! ¿Qué dices? Los peces no hablan. ¡Soy una hada!…

Y un pequeño ser alado salió de pronto de entre las rocas mojadas.

Walter creyó estar en medio de un sueño…

—Te necesitamos. Confía en mí, y sígueme.

La voz de la pequeña hada era apenas un tintineo audible, pero su tono denotaba determinación.

Aturdido y asombrado la siguió a través del bosque que él tan bien creía conocer…, pero después de dos cambios de sentido abruptos, supo que jamás había estado en aquel sitio increíble. De pronto los árboles se agigantaron, los colores fueron más brillantes, de todas las tonalidades posibles del espectro visual, incluso algunos fuera de toda lógica o conocimiento humano, y el Ter… Sus aguas cubrían amplias superficies, y el sonido a su paso era musical y alegre.

La pequeña hada lo guio hasta un lugar escarpado, donde una inmensa roca se había deslizado, lo que causaba una desviación del río. El Ter, inevitablemente, estaba inundando un amplio claro de ese bosque encantado.

—Muévela –dijo ella.

Walter la miró iluso.

—Tú puedes hacerlo –imploró la pequeña hada.

Sin pensarlo demasiado, Walter puso sus manos sobre la fría superficie granítica... Todo su cuerpo se iluminó, y unas alas enormes y tornasoladas emergieron de su espalda. De pronto, se sintió con la fuerza de un gigante, y se vio rodeado de mil hadas diminutas que empujaban junto a él aquella roca monstruosa. Con un bramido de animal herido, la roca cedió, y rodó ladera abajo, hasta un fortísimo árbol que paró su caída libre sin mayores consecuencias. El Ter volvía a su cauce entre vítores y festejos de los pequeños seres alados.

Las hadas bailaron y rieron alrededor de Walter, y al unísono se inclinaron ante él y le dieron las gracias.

—Tú eres el Guardián del Ter, Protector del Bosque... Rey de las Hadas. Te buscaremos cada vez que sea necesario.

Con una reverencia, la pequeña hada que lo había llevado hasta ese bosque encantado lo volvió a guiar hasta donde había dejado la caña de pescar. Luego desapareció, junto a sus alas y a los brillos que las rodeaban.

Walter, exhausto pero con una sensación de felicidad profunda, se dejó caer de espaldas sobre la tierra húmeda de la orilla y relajó la mirada en el vaivén de las ramas frondosas. Un suave viento comenzaba a soplar y los árboles parecían bailar al ritmo. Todo cobraba sentido. Al fin.

**Miriam Lask**

# Septiembre

| Lu | Ma | Mi | Ju | Vi | Sa | Do |
|----|----|----|----|----|----|----|
| 1  | 2  | 3  | 4  | 5  | 6  | 7  |
| 8  | 9  | 10 | 11 | 12 | 13 | 14 |
| 15 | 16 | 17 | 18 | 19 | 20 | 21 |
| 22 | 23 | 24 | 25 | 26 | 27 | 28 |
| 29 | 30 |    |    |    |    |    |

«El no *te* libera,
el sí *te* compromete».

Mario Sabán

# *Septiembre*

**Lunes 1**

---

**Martes 2**

---

**Miércoles 3**

# Septiembre

| Lu | Ma | Mi | Ju | Vi | Sa | Do |
|----|----|----|----|----|----|----|
| 1  | 2  | 3  | 4  | 5  | 6  | 7  |
| 8  | 9  | 10 | 11 | 12 | 13 | 14 |
| 15 | 16 | 17 | 18 | 19 | 20 | 21 |
| 22 | 23 | 24 | 25 | 26 | 27 | 28 |
| 29 | 30 |    |    |    |    |    |

## Jueves 4

---

## Viernes 5

---

## Sábado 6

---

## Domingo 7

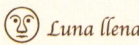 Luna llena

# *Septiembre*

**Lunes 8**

---

**Martes 9**

---

**Miércoles 10**

# Septiembre

| Lu | Ma | Mi | Ju | Vi | Sa | Do |
|----|----|----|----|----|----|----|
| 1  | 2  | 3  | 4  | 5  | 6  | 7  |
| 8  | 9  | 10 | 11 | 12 | 13 | 14 |
| 15 | 16 | 17 | 18 | 19 | 20 | 21 |
| 22 | 23 | 24 | 25 | 26 | 27 | 28 |
| 29 | 30 |    |    |    |    |    |

## Jueves 11

## Viernes 12

## Sábado 13

## Domingo 14

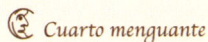 *Cuarto menguante*

# Septiembre

**Lunes 15**

---

**Martes 16**

---

**Miércoles 17**

# Septiembre

| Lu | Ma | Mi | Ju | Vi | Sa | Do |
|----|----|----|----|----|----|----|
| 1  | 2  | 3  | 4  | 5  | 6  | 7  |
| 8  | 9  | 10 | 11 | 12 | 13 | 14 |
| 15 | 16 | 17 | 18 | 19 | 20 | 21 |
| 22 | 23 | 24 | 25 | 26 | 27 | 28 |
| 29 | 30 |    |    |    |    |    |

## Jueves 18

---

## Viernes 19

---

## Sábado 20

---

## Domingo 21

# Septiembre

## Lunes 22

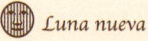 Luna nueva

---

## Martes 23

---

## Miércoles 24

# Septiembre

| Lu | Ma | Mi | Ju | Vi | Sa | Do |
|----|----|----|----|----|----|----|
| 1  | 2  | 3  | 4  | 5  | 6  | 7  |
| 8  | 9  | 10 | 11 | 12 | 13 | 14 |
| 15 | 16 | 17 | 18 | 19 | 20 | 21 |
| 22 | 23 | 24 | 25 | 26 | 27 | 28 |
| 29 | 30 |    |    |    |    |    |

## Jueves 25

---

## Viernes 26

---

## Sábado 27

---

## Domingo 28

# El túnel de la incomprensión

Al llegar al pueblo, la chica de la inmobiliaria los está esperando frente a la casa. La fachada le resulta más pequeña que en el recuerdo de sus ocho o nueve años, cuando se vio sorprendido por una mano que tiraba de él. ¿Cómo no lo ha recordado en todo ese tiempo? Aquella tarde, unos dedos lo sujetaron con fuerza, sufrió la aspereza de una mano gélida, excesiva para su cuello de niño. Antes de que pudiera reaccionar, se vio atrapado en un lugar con un fuerte hedor a humedad y a orín de perro. Unos minutos antes, correteaba junto a sus amigos pulsando los timbres de los vecinos, juegos de niños, travesuras que a nadie deberían importar lo suficiente como para echarle la mano a uno de ellos y arrastrarlo a las tinieblas. «No volverás a tocar más timbres, te lo aseguro. ¿Es que no os enseñan modales?». El aliento de la vieja le abrasaba el tímpano, como si un humor de cloro lo penetrara. Rumores corrían, no pocos, de que la vieja había enloquecido tras abandonarla su marido; otros atribuían su demencia a que tuvo que deshacerse del marido para evitar que se comiera a sus hijos. Todas esas chaladuras se contaban y así le llegaban de boca de los chicos más mayores, sin duda eran quienes mejor sazonaban las historias. Tanto las creían, que ninguno se atrevía a tocarle el timbre a la bruja, les temblaban las piernas por el mero hecho de acercarse a la puerta. Pero a él no le pareció que corriese especial peligro cuando lo espolearon para que se decidiera. El timbrazo sonó como un lamento. Por varias veces insistió entre risas, y luego quedó agazapado en el lateral de la vivienda, desde donde le llegaba la voz quebrada de la anciana. ¿De verdad era tan vieja? No lo parecía por la manera etérea como se desplazaba ni por la

fuerza con que lo alzaba. ¿Cómo era posible que en toda su vida no hubiera recordado el episodio? Se lo pregunta de nuevo, tantos años después, al acceder a esa misma casa de la que se ha encaprichado Ingrid, insistente en que el lugar es idóneo, de que no tendrán competencia y de que un cambio les vendrá bien. ¿De verdad va a dejar la dirección del hotel para regentar un pequeño alojamiento rural? ¿Así cree que salvarán su relación?

No ha sido hasta que han traspasado el umbral y se ha visto en medio del zaguán que ha revivido la nefasta tarde en que la anciana lo capturó y retuvo mientras él escuchaba, además del goteo incesante de la tubería de plomo y el corretear de alguna rata, el alboroto de sus compañeros en la calle. ¿Lo rescatarían? ¿Sería cierto que la anciana devoraba criaturas o se las cocinaba a un hijo secreto, deforme, que nadie había visto? Como si los olores viciados de la estancia resucitaran los recuerdos, o debido al moscardón que revoloteó a su alrededor antes de que la agente de la inmobiliaria abriera las ventanas, emergieron las horas de miedo y sollozo de aquella tarde en la que, arrinconado contra la pared, oyó una vocecilla que le susurraba. ¿Qué era aquella criatura? ¿Acaso la vieja le había dado algún alucinógeno? Una tenue refulgencia danzaba a su alrededor. Excitada, vibrante, apremiada, el hada lo condujo en medio de unos gritos hasta detrás de la columna. Entonces vio la puerta de escasas dimensiones. Al intentar abrirla, tomó conciencia de que estaba atrancada y de que le sería imposible franquearla. Pero la pequeña criatura lo puso sobre aviso, con su luz de candil, respecto de una llave que colgaba justo a su derecha, a unos metros. La llave entró en el bombín como guiada por un imán. Tras abrir la puerta, una bocanada de aire mohoso inundó la estancia y la pequeña criatura se perdió por la estrechez del conducto. Él avanzaba de cuclillas, mientras la luz del hada se volvía azul según menguaba, como

una estrella en el firmamento. Cuando ya creía que se había esfumado, la sintió de nuevo frente a los ojos. La luz se volvió muy intensa. ¿Qué fue lo que le dijo? ¿Volverían a encontrarse algún día? Intentó que no se esfumara, pero ya no pudo dar con ella. Al otro lado del túnel, extasiado por el esfuerzo, tan sólo lo esperaba una cegadora puesta de Sol y la música de las cigarras. Al mirar atrás, fue incapaz de identificar la madriguera por la que había salido.

—Cariño, ¿te encuentras bien? –Se da cuenta de que ha quedado embriagado con la evocación del episodio, más si cabe después de haber recorrido la casa y haber llegado hasta el garaje, totalmente reformado; el suelo se ve ahora revestido de baldosas y las paredes perimetradas por una franja roja.

Sonríe, no necesita más para tranquilizar a Ingrid. Pero ella parece inquieta, sus movimientos se han vuelto electrizados, deambula por la sala como si buscara algo, pese a que ya no hiede a orín de perro, sino a escape de motor, aceite y combustible. Una Ossa de montaña descansa tras la columna, donde aún se conserva la pequeña puerta. Ambos se miran, como si ese instante ya lo hubieran vivido. Un gesto de extrañeza se dibuja en el rostro de Ingrid.

—Creemos que conduce a un pequeño almacén, o al antiguo cuarto de calderas, no hemos encontrado la llave –se excusa la chica de la inmobiliaria.

Como llevada por una naturalidad inédita, con un gesto certero, Ingrid se vuelve hacia la derecha y, ante la incredulidad de la comercial, coge la llave y abre la puerta. De pronto, su mujer le resulta más etérea, menos cercana, casi irreal, como si en verdad jamás hubiera existido o sólo hubiera sido producto de la imaginación. Una ráfaga de viento enmohecido impregna la sala y, por un instante, le aterra que se pierda para siempre por el túnel de la incomprensión.

**José Matas**

# Octubre

| Lu | Ma | Mi | Ju | Vi | Sa | Do |
|----|----|----|----|----|----|----|
|    |    | 1  | 2  | 3  | 4  | 5  |
| 6  | 7  | 8  | 9  | 10 | 11 | 12 |
| 13 | 14 | 15 | 16 | 17 | 18 | 19 |
| 20 | 21 | 22 | 23 | 24 | 25 | 26 |
| 27 | 28 | 29 | 30 | 31 |    |    |

«Quiéreme cuando menos lo merezca, porque será cuando más lo necesite».

Bruce Wagner

# Septiembre ☽ Octubre

## Lunes 29
☽ Cuarto creciente

## Martes 30

## Miércoles 1

# Octubre

| Lu | Ma | Mi | Ju | Vi | Sa | Do |
|----|----|----|----|----|----|----|
|    |    | 1  | 2  | 3  | 4  | 5  |
| 6  | 7  | 8  | 9  | 10 | 11 | 12 |
| 13 | 14 | 15 | 16 | 17 | 18 | 19 |
| 20 | 21 | 22 | 23 | 24 | 25 | 26 |
| 27 | 28 | 29 | 30 | 31 |    |    |

## Jueves 2

## Viernes 3

## Sábado 4

## Domingo 5

# *Octubre*

**Lunes 6**

---

**Martes 7** 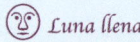 Luna llena

---

**Miércoles 8**

# Octubre

| Lu | Ma | Mi | Ju | Vi | Sa | Do |
|----|----|----|----|----|----|----|
|    |    | 1  | 2  | 3  | 4  | 5  |
| 6  | 7  | 8  | 9  | 10 | 11 | 12 |
| 13 | 14 | 15 | 16 | 17 | 18 | 19 |
| 20 | 21 | 22 | 23 | 24 | 25 | 26 |
| 27 | 28 | 29 | 30 | 31 |    |    |

## Jueves 9

## Viernes 10

## Sábado 11

## Domingo 12

*Día del Pilar y de la Madre de Guadalupe, patrona de América*

# Octubre

## Lunes 13

## Martes 14

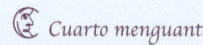 *Cuarto menguante*

## Miércoles 15

# Octubre

| Lu | Ma | Mi | Ju | Vi | Sa | Do |
|----|----|----|----|----|----|----|
|    |    | 1  | 2  | 3  | 4  | 5  |
| 6  | 7  | 8  | 9  | 10 | 11 | 12 |
| 13 | 14 | 15 | 16 | 17 | 18 | 19 |
| 20 | 21 | 22 | 23 | 24 | 25 | 26 |
| 27 | 28 | 29 | 30 | 31 |    |    |

## Jueves 16

## Viernes 17

## Sábado 18

## Domingo 19

# *Octubre*

## Lunes 20

---

## Martes 21

---

## Miércoles 22

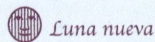 Luna nueva

# Octubre

| Lu | Ma | Mi | Ju | Vi | Sa | Do |
|----|----|----|----|----|----|----|
|    |    | 1  | 2  | 3  | 4  | 5  |
| 6  | 7  | 8  | 9  | 10 | 11 | 12 |
| 13 | 14 | 15 | 16 | 17 | 18 | 19 |
| 20 | 21 | 22 | 23 | 24 | 25 | 26 |
| 27 | 28 | 29 | 30 | 31 |    |    |

## Jueves 23

---

## Viernes 24

---

## Sábado 25

---

## Domingo 26

# Octubre

Lunes 27

Martes 28

Miércoles 29 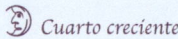 Cuarto creciente

# Octubre / Noviembre

| Lu | Ma | Mi | Ju | Vi | Sa | Do |
|----|----|----|----|----|----|----|
|    |    | 1  | 2  | 3  | 4  | 5  |
| 6  | 7  | 8  | 9  | 10 | 11 | 12 |
| 13 | 14 | 15 | 16 | 17 | 18 | 19 |
| 20 | 21 | 22 | 23 | 24 | 25 | 26 |
| 27 | 28 | 29 | 30 | 31 |    |    |

## Jueves 30

## Viernes 31

## Sábado 1

*Día de todos los Santos*

## Domingo 2

# Polvo de hada

¿Qué os pasaría por la cabeza si os dijera que no todas las hadas tienen alas? Parece mentira, ¿verdad? Pues no lo es. En cada pueblo hay un hada muy especial que no tiene alas, pero que es la encargada de que todas las otras puedan volar. Y en el poblado de Ligia, el hada más especial de todas es Zarina.

Cuando Zarina nació, sus padres se sorprendieron mucho al ver que no tenía alas, pero su nacimiento fue enormemente celebrado por todo el pueblo, ya que había nacido una nueva hada del polvo. Crisilda, la anterior hada, se estaba haciendo muy mayor, y ya era hora de que los grandes árboles dictaran el nacimiento de la nueva heredera del polvo. La bienvenida a la vida de Zarina fue mágica para todos.

Os suena el polvo de hada, ¿verdad? ¿Sabíais que las hadas sólo pueden volar gracias a él? Cada noche deben dormir rodeadas de polvo mágico para volver a volar a la mañana siguiente y la persona encargada de hacer que eso sea posible es Zarina. Cuando el cielo se vuelve negro, y las estrellas empiezan a brillar, Zarina va de árbol en árbol, y los recarga de polvo de hadas. La magia se absorbe por las ramas de los árboles y llega hasta las camas de las hadas, quienes lo absorben mientras duermen.

Al principio, cuando Zarina se dio cuenta de que era diferente a las otras hadas, no le gustó nada. Ella también quería tener alas y volar por los cielos, tal y como hacían sus amigas, pero ellas siempre le decían que querrían ser como ella, y tener tanto poder que, gracias a su magia, todas las otras hadas podrían volar. Poco a poco, fue dándose cuenta de lo mucho que la querían en el poblado y aceptó su destino.

Cuando estaba empezando a estudiar cómo se hacía el polvo de hada, no entendía muy bien cómo funcionaba esta magia. Tenía toda

una fuente de poder en su interior que no sabía muy bien cómo controlar, pero, a medida que Crisilda le enseñaba todos sus trucos, Zarina se sentía más fascinada por ello. Con los años y la práctica aprendió a controlar su magia e iba perfeccionando el polvo. Una de las cosas que más le gustaba es que se podía crear polvo de hadas de distintos colores, aunque eso dependía principalmente de las flores propias de cada estación. A Crisilda le encantaba hacer polvo blanco con las margaritas silvestres que nacían a las afueras de Ligia, pero a Zarina le entusiasmaba crear polvo azul con las campanillas que crecían a la entrada del poblado en primavera. Le fascinaba el rastro que dejaba el azul cuando batían las alas.

Cada tarde, cuando las hadas más pequeñas salían de la escuela, pasaban por delante de su taller y le preguntaban de qué color fabricaría el polvo para la mañana siguiente, esperando que fuera su color favorito. Como Zarina sabía la ilusión que les hacía, colgó un calendario enorme delante de la puerta de su árbol para que las hadas más pequeñas pusieran su nombre y su color preferido en el día de su cumpleaños y, así, brindarles una mañana un poquito más mágica cuando llegaba ese día. Para compensar, cuando era el cumpleaños de Zarina, todas las hadas recogían flores y las llevaban a su árbol, inundando su casa. Ese día, todos en el mundo mágico estaban contentos y celebraban la suerte de tener a Zarina con ellos.

**Júlia Gumà**

# Noviembre

| Lu | Ma | Mi | Ju | Vi | Sa | Do |
|----|----|----|----|----|----|----|
|    |    |    |    |    | 1  | 2  |
| 3  | 4  | 5  | 6  | 7  | 8  | 9  |
| 10 | 11 | 12 | 13 | 14 | 15 | 16 |
| 17 | 18 | 19 | 20 | 21 | 22 | 23 |
| 24 | 25 | 26 | 27 | 28 | 29 | 30 |

*«La Vida a veces es injusta, pero puede ser muy hermosa».*

Jordi Nadal

# Noviembre

## Lunes 3

---

## Martes 4

---

## Miércoles 5

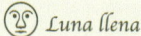 *Luna llena*

# Noviembre

| Lu | Ma | Mi | Ju | Vi | Sa | Do |
|----|----|----|----|----|----|----|
|    |    |    |    |    | 1  | 2  |
| 3  | 4  | 5  | 6  | 7  | 8  | 9  |
| 10 | 11 | 12 | 13 | 14 | 15 | 16 |
| 17 | 18 | 19 | 20 | 21 | 22 | 23 |
| 24 | 25 | 26 | 27 | 28 | 29 | 30 |

## Jueves 6

## Viernes 7

## Sábado 8

## Domingo 9

# Noviembre

## Lunes 10

---

## Martes 11

---

## Miércoles 12

*Cuarto menguante*

# Noviembre

| Lu | Ma | Mi | Ju | Vi | Sa | Do |
|----|----|----|----|----|----|----|
|    |    |    |    |    | 1  | 2  |
| 3  | 4  | 5  | 6  | 7  | 8  | 9  |
| 10 | 11 | 12 | 13 | 14 | 15 | 16 |
| 17 | 18 | 19 | 20 | 21 | 22 | 23 |
| 24 | 25 | 26 | 27 | 28 | 29 | 30 |

## Jueves 13

---

## Viernes 14

---

## Sábado 15

---

## Domingo 16

# Noviembre

Lunes 17

---

Martes 18

---

Miércoles 19

# Noviembre

| Lu | Ma | Mi | Ju | Vi | Sa | Do |
|----|----|----|----|----|----|----|
|    |    |    |    |    | 1  | 2  |
| 3  | 4  | 5  | 6  | 7  | 8  | 9  |
| 10 | 11 | 12 | 13 | 14 | 15 | 16 |
| 17 | 18 | 19 | 20 | 21 | 22 | 23 |
| 24 | 25 | 26 | 27 | 28 | 29 | 30 |

## Jueves 20

🌑 Luna nueva

## Viernes 21

## Sábado 22

## Domingo 23

# Noviembre

Lunes 24

---

Martes 25

---

Miércoles 26

# Noviembre

| Lu | Ma | Mi | Ju | Vi | Sa | Do |
|----|----|----|----|----|----|----|
|    |    |    |    |    | 1  | 2  |
| 3  | 4  | 5  | 6  | 7  | 8  | 9  |
| 10 | 11 | 12 | 13 | 14 | 15 | 16 |
| 17 | 18 | 19 | 20 | 21 | 22 | 23 |
| 24 | 25 | 26 | 27 | 28 | 29 | 30 |

## Jueves 27

*Cuarto creciente*

---

## Viernes 28

---

## Sábado 29

---

## Domingo 30

# El hada de los zapatos

La noche es fría y tranquila. Ha nevado y el sonido en las calles está amortiguado por la esponjosa nieve que invade hasta los porches de las viviendas y los salientes de las ventanas. Todos en el vecindario están dormidos y protegidos del frío. Tan placentero es el descanso, que ni siquiera nadie puede oír el aleteo sordo de las alas de Mara. Un hada peculiar y juguetona que va de casa en casa haciendo trastadas. A Mara le encanta jugar a esconder las llaves de los coches, cambiar cosas de sitio, beber y comer cosas de las neveras y dejar los envases vacíos de vuelta donde estaban, hacer alguna pintada en la pared… Y una vez ha hecho sus pillerías, decide llevarse algo con ella de vuelta al mundo de las hadas. A veces es un calcetín que le resulta divertido o pequeño, algún guante de las manos izquierdas, o, lo que más le gusta, llevarse algún zapato pequeño que pueda cargar hasta su hogar. A Mara le chiflan los zapatos de los bebés, de modo que siempre que en la casa haya alguno, seguro que se llevará un zapato para su colección, dejando el par incompleto en el hogar.

Esa noche en calma, el hada aletea intentando contener su risita juguetona, sobrevolando unas escaleras piso arriba en busca del cuarto de los bebés Nil y Leo, recién nacidos hace unos días.

Llega al cuarto y se posa a los pies de la cuna donde duermen juntos los niños. Se pasea sigilosa por la madera y salta sobre la manta de borreguito que los envuelve. Mira a los niños con mucho amor, porque, aunque traviesa, Mara siente un gran aprecio por los humanos. Los acaricia y acerca sus alas a las caras de los niños, iluminándolas con la suave luz que desprenden.

Entonces, se da cuenta de que los niños están despiertos y les hace una mueca. Éstos sonríen fascinados ante la belleza de Mara y mueven sus brazos hacia ella intentando alcanzarla.

Mara ya ha hecho sus diabluras en la casa. De modo que mira hacia el suelo y detecta unos zapatitos de colores que la fascinan. Se lleva las manos a la cara de la emoción al pensar en lo bien que quedarán esos ejemplares en su estante repleto de zapatos. Vuela hasta el suelo y coge dos zapatitos, uno de cada bebé.

Decide atarlos por los cordones para llevarlos colgando. Una vez lo hace, vuelve a la cuna a despedirse de los bebés y echa a volar.

Invadida por la emoción de su travesura y sus nuevos ejemplares, no se da cuenta que en su partida el cordón de un zapatito roza la mano de Leo, y éste lo agarra con fuerza y se eleva rápidamente con la magia del hada. Pero un bracito de Leo roza a Nil, y éste también se agarra con fuerza a su hermano, elevándose con él, el hada y los zapatos.

Y en esa noche tranquila, dos bebés vuelan por el pasillo de su hogar agarrados a un hada dispuesta a partir a otro mundo.

Un destello aparece en el umbral de una puerta de la casa, unas líneas iridiscentes verticales surgen como si fueran una cortina de energía. El portal al mundo de las hadas se abre. Y todos cruzan por ella.

Dentro del portal todo es un caleidoscopio de colores y formas diferentes, y se oye una alegre música surgida de unas flautas invisibles. Existen muchos portales dentro de esa vorágine de colores. De pronto, Nil, a la cola, ríe ruidosamente y el hada se da la vuelta.

Un instante antes de poner cara de terror, Mara ve cómo Nil se suelta y atraviesa uno de los portales. Y justo va a emitir el grito, cuando Leo también se suelta y cae en otro portal. El hada frena abruptamente en medio de su viaje y pierde los zapatos. De golpe, la música cesa y, sin querer, Mara se encuentra ya en su mundo, sola, sin zapatos y con dos bebés perdidos en el mundo de las hadas.

No hace falta decir que la actividad de Mara iba contra la ley de las hadas. Además de que viajar entre mundos no es una tarea fácil, ya que cuando atraviesas un portal y entras en el espacio entre mundos, las puertas cambian a voluntad y no siempre te llevan a donde quieres ir… ni cuando.

Pasaron los días y Mara buscó y buscó, sin éxito, por los numerosos portales entre mundos. En su viaje se encontró con un elefante verde que le enseñó a amplificar su oído para oír si los bebés lloraban o reían. También una serpiente rosa que le enseñó a percibir la vibraciones del suelo para notar si los bebés gateaban o se movían. Incluso un águila amarilla le enseñó a agudizar su vista desde el cielo para ver el terreno más ampliamente. Pero, aun así, nada…

Desesperada, meses después, entre el terror y la vergüenza, quiso acudir a la reina de las hadas en busca de ayuda a pesar del castigo que le impondría.

De camino a la corte, cansada y demacrada por lo que había pasado y por sus viajes, Mara notó una vibración en el aire, y su oído agudizado la hizo girar rápidamente. Así vio que, de pronto, un portal se abría y por él salía disparado, riendo, uno de los bebés. Mara lo cogió al vuelo loca de alegría.

Entonces, entendió todo y supo a quién acudir.

En su mundo había un hada del tiempo, Täria, y fue a su encuentro con el bebé en los brazos.

Al llegar al hogar del hada del tiempo, le explicó lo sucedido. Ésta consultó sus viejos libros sobre los portales temporales y le explicó.

Resulta que Mara estaba pasando por un lugar específico entre mundos donde están los portales temporales, justo donde los bebés se soltaron. Uno de ellos, Leo, había aparecido ya, pero del otro no se sabía nada. Lo bueno de los portales es que uno de ellos, cuyo color era el carmesí, le devolvía a uno al otro mundo cuando quería o lo necesitaba. De modo que Mara sólo debía esperar a que Nil apareciera y volver al momento en que dejaron juntos el mundo de los humanos y, así, devolver a los niños.

Ante la incertidumbre de cuándo aparecería el otro niño, Mara entró en pánico, llorando desesperada por el pequeño. Pero, entonces, gracias a su nueva habilidad, notó una vibración en el suelo y se dirigió a la calle. Justo en ese momento apareció un portal de luz en el suelo, y como un resorte, Nil salió disparado hacia arriba, riendo. Täria y Mara lo agarraron al vuelo.

Ya con los dos niños, Täria abrió un portal al mundo de los humanos y los cuatro entraron rápidamente. Dentro del caleidoscopio entre mundos, buscaron el portal carmesí y entraron por él. De pronto, se encontraron en la casa de los niños la noche en que Mara se los llevó sin querer. Sigilosos, se escondieron tras una puerta mientras Mara se veía a sí misma hacer sus trastadas y partir a su mundo con los niños. Justo entonces salieron para dejar de nuevo a los bebés en su cunita. De ese modo, las hadas pudieron regresar a su mundo y a su tiempo, dejando todo como estaba.

Un día, años después, Mara ya había dejado de meterse en el mundo de los humanos, y sobrevolaba el mundo de las hadas. De pronto, con su visión de águila, vio un destello en la espesura del bosque. Un portal que se abría de golpe y por el que salían disparados un par de zapatitos de bebé. Mara los reconoció al instante: eran los de Nil y Leo, los niños humanos que viajaron por el tiempo y el mundo de las hadas.

Con cierta nostalgia, Mara colocó los zapatitos en su estante, en un lugar especial que le recordara su aventura… Y cerró la puerta del armario lentamente. ¡Clic!

**Jorge Martínez Tebas**

# Diciembre

| Lu | Ma | Mi | Ju | Vi | Sa | Do |
|----|----|----|----|----|----|----|
| 1  | 2  | 3  | 4  | 5  | 6  | 7  |
| 8  | 9  | 10 | 11 | 12 | 13 | 14 |
| 15 | 16 | 17 | 18 | 19 | 20 | 21 |
| 22 | 23 | 24 | 25 | 26 | 27 | 28 |
| 29 | 30 | 31 |    |    |    |    |

«La mejor forma de meditar es dormir».

Dalai Lama

# Diciembre

**Lunes 1**

---

**Martes 2**

---

**Miércoles 3**

# Diciembre

| Lu | Ma | Mi | Ju | Vi | Sa | Do |
|----|----|----|----|----|----|----|
| 1 | 2 | 3 | 4 | 5 | 6 | 7 |
| 8 | 9 | 10 | 11 | 12 | 13 | 14 |
| 15 | 16 | 17 | 18 | 19 | 20 | 21 |
| 22 | 23 | 24 | 25 | 26 | 27 | 28 |
| 29 | 30 | 31 | | | | |

## Jueves 4

---

## Viernes 5

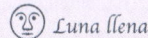 *Luna llena*

---

## Sábado 6

*Día de la Constitución española*

---

## Domingo 7

# Diciembre

**Lunes 8**  *Día de la Inmaculada Concepción*

---

Martes 9

---

Miércoles 10

# Diciembre

| Lu | Ma | Mi | Ju | Vi | Sa | Do |
|----|----|----|----|----|----|----|
| 1  | 2  | 3  | 4  | 5  | 6  | 7  |
| 8  | 9  | 10 | 11 | 12 | 13 | 14 |
| 15 | 16 | 17 | 18 | 19 | 20 | 21 |
| 22 | 23 | 24 | 25 | 26 | 27 | 28 |
| 29 | 30 | 31 |    |    |    |    |

## Jueves 11

---

## Viernes 12

☾ *Cuarto menguante*

---

## Sábado 13

---

## Domingo 14

# *Diciembre*

**Lunes 15**

---

**Martes 16**

---

**Miércoles 17**

# Diciembre

| Lu | Ma | Mi | Ju | Vi | Sa | Do |
|----|----|----|----|----|----|----|
| 1 | 2 | 3 | 4 | 5 | 6 | 7 |
| 8 | 9 | 10 | 11 | 12 | 13 | 14 |
| 15 | 16 | 17 | 18 | 19 | 20 | 21 |
| 22 | 23 | 24 | 25 | 26 | 27 | 28 |
| 29 | 30 | 31 | | | | |

## Jueves 18

---

## Viernes 19

---

## Sábado 20

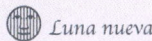 Luna nueva

---

## Domingo 21

# Diciembre

Lunes 22

---

Martes 23

---

Miércoles 24

# Diciembre

| Lu | Ma | Mi | Ju | Vi | Sa | Do |
|----|----|----|----|----|----|----|
| 1 | 2 | 3 | 4 | 5 | 6 | 7 |
| 8 | 9 | 10 | 11 | 12 | 13 | 14 |
| 15 | 16 | 17 | 18 | 19 | 20 | 21 |
| 22 | 23 | 24 | 25 | 26 | 27 | 28 |
| 29 | 30 | 31 | | | | |

## Jueves 25

*Día de Navidad*

---

## Viernes 26

---

## Sábado 27

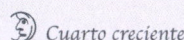 *Cuarto creciente*

---

## Domingo 28

# *Diciembre*

Lunes 29

---

Martes 30

---

Miércoles 31

# Enero 2026

## Jueves 1

*Año Nuevo*

---

## Viernes 2

---

## Sábado 3

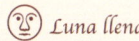 *Luna llena*

---

## Domingo 4

# Mi agenda

Nombre:

Dirección:          C.P.:          Ciudad:

Teléfono particular:          Teléfono trabajo:

E-mail:          Cumpleaños:

Nombre:

Dirección:          C.P.:          Ciudad:

Teléfono particular:          Teléfono trabajo:

E-mail:          Cumpleaños:

Nombre:

Dirección:          C.P.:          Ciudad:

Teléfono particular:          Teléfono trabajo:

E-mail:          Cumpleaños:

Nombre:

Dirección:          C.P.:          Ciudad:

Teléfono particular:          Teléfono trabajo:

E-mail:          Cumpleaños:

Nombre:

Dirección:　　　　　　　　　　　C.P.:　　　　Ciudad:

Teléfono particular:　　　　　　　Teléfono trabajo:

E-mail:　　　　　　　　　　　　Cumpleaños:

Nombre:

Dirección:　　　　　　　　　　　C.P.:　　　　Ciudad:

Teléfono particular:　　　　　　　Teléfono trabajo:

E-mail:　　　　　　　　　　　　Cumpleaños:

Nombre:

Dirección:　　　　　　　　　　　C.P.:　　　　Ciudad:

Teléfono particular:　　　　　　　Teléfono trabajo:

E-mail:　　　　　　　　　　　　Cumpleaños:

Nombre:

Dirección:　　　　　　　　　　　C.P.:　　　　Ciudad:

Teléfono particular:　　　　　　　Teléfono trabajo:

E-mail:　　　　　　　　　　　　Cumpleaños:

Nombre:

Dirección:　　　　　　　　　　　C.P.:　　　　Ciudad:

Teléfono particular:　　　　　　　Teléfono trabajo:

E-mail:　　　　　　　　　　　　Cumpleaños:

Nombre:

Dirección:                          C.P.:           Ciudad:

Teléfono particular:                Teléfono trabajo:

E-mail:                             Cumpleaños:

Nombre:

Dirección:                          C.P.:           Ciudad:

Teléfono particular:                Teléfono trabajo:

E-mail:                             Cumpleaños:

Nombre:

Dirección:                          C.P.:           Ciudad:

Teléfono particular:                Teléfono trabajo:

E-mail:                             Cumpleaños:

Nombre:

Dirección:                          C.P.:           Ciudad:

Teléfono particular:                Teléfono trabajo:

E-mail:                             Cumpleaños:

Nombre:

Dirección:                          C.P.:           Ciudad:

Teléfono particular:                Teléfono trabajo:

E-mail:                             Cumpleaños:

*Notas*

# Notas

Vuelve a caminar un año más junto al pueblo feérico. Déjate contagiar por la alegría y la luz de estas criaturas mágicas con la edición de 2025 del *Calendario de las hadas*.

# Índice

| | |
|---|---:|
| La historia de Elefantasía............................... | 5 |
| **Enero**..................................................... | 11 |
| El hada enamorada....................................... | 22 |
| **Febrero**................................................... | 27 |
| El hada del manantial................................... | 36 |
| **Marzo**..................................................... | 41 |
| Hada de viento........................................... | 50 |
| **Abril**...................................................... | 55 |
| Daniela en el silencio del bosque................... | 64 |
| **Mayo**...................................................... | 73 |
| Del otro lado.............................................. | 84 |
| **Junio**...................................................... | 61 |
| *Tempus fugit*............................................. | 100 |
| **Julio**....................................................... | 105 |
| Lucecita: El hada con el poder de avivar la llama............. | 114 |
| **Agosto**.................................................... | 119 |
| El guardián del Ter...................................... | 130 |
| **Septiembre**.............................................. | 135 |
| El túnel de la incomprensión......................... | 144 |
| **Octubre**................................................... | 149 |
| Polvo de hada.............................................. | 160 |
| **Noviembre**............................................... | 165 |
| El hada de los zapatos.................................. | 174 |
| **Diciembre**................................................ | 180 |
| | |
| Mi agenda.................................................. | 192 |

Puede consultar nuestro catálogo en www.edicionesobelisco.com

1.ª edición: septiembre de 2024

Diseño de cubierta: *Carol Briceño*
Ilustraciones: *Carlos Escudero*
Maquetación: *Juan Bejarano*
Corrección: *M.ª Jesús Rodríguez*

© 2024, Varda Fiszbein por el texto *La historia de Elefantasía*
© 2024, Elena García por el texto *El hada enamorada*
© 2024, María Dolores García Pastor por el texto *El hada del manantial*
© 2024, Daniel Harris por el texto *Hada de viento*
© 2024, Maite Bayona por el texto *Daniela en el silencio del bosque*
© 2024, Martina Vinseiro Soler por el texto *Del otro lado*
© 2024, Maria Parera Puig por el texto *Tempus fugit*
© 2024, Iván Bravo Falguera por el texto *Lucecita: El hada con el poder de avivar la llama*
© 2024, Miriam Lask por el texto *El guardián del Ter*
© 2024, José Matas por el texto *El túnel de la incomprensión*
© 2024, Júlia Gumà por el texto *Polvo de hadas*
© 2024, Jorge Martínez Tebas por el texto *El hada de los zapatos*

© 2024, Carlos Escudero por las ilustraciones, representado por IMC Ag. Lit.
(Reservados todos los derechos)
© 2024, Ediciones Obelisco, S. L.
(Reservados los derechos para la presente edición)

Edita: Ediciones Obelisco S. L.
Collita, 23-25. Pol. Ind. Molí de la Bastida
08191 Rubí - Barcelona - España
Tel. 93 309 85 25
E-mail: info@edicionesobelisco.com

ISBN: 978-84-1172-147-9

*Printed in China*

Reservados todos los derechos. Ninguna parte de esta publicación,
incluso el diseño de la cubierta, puede ser reproducida, almacenada,
transmitida o utilizada en manera alguna por ningún medio,
ya sea electrónico, químico, mecánico, óptico, de grabación o electrográfico,
sin el previo consentimiento por escrito del editor.
Diríjase a CEDRO (Centro Español de Derechos Reprográficos, www.cedro.org)
si necesita fotocopiar o escanear algún fragmento de esta obra.